史跡と伝説の旅

越後の親鸞

新装版

大場 厚順 著

目次

越後の親鸞と恵信尼……6

上越

親不知……20
居多ケ浜……22
国分寺……24
光源寺……26
国府別院……28
浄興寺……30
常敬寺……32
性宗寺……34
安養寺……36
山寺薬師……38
恵信尼廟所……40
恵信尼公堂・袈裟掛けの松……42
専念寺……44
浄福寺……46
浄善寺……48
大泉寺……50

中越・弥彦

永法寺……52
西照寺……54
安楽寺……56
片桐家……58
西生寺……60

地蔵院……62
国上山・弥彦山……64
宝光院・弥彦神社……66
聖人清水・聖人手植えの椿……68
法円寺……70
菅井家……72

蒲原・新潟

了玄寺……74
孝順寺……76
無為信寺……78
梅護寺……80
西方寺……82
田代家……85
誓慶寺……86
鈴木家……88
蒲原浄光寺……90
北山浄光寺……92
西養寺……93
太子堂……94

解説

親鸞の史跡・伝説の特徴……98
史跡・伝説の多い地域とその成立……99
史跡参詣の背景……100
関係人物と事項……104
親鸞・恵信尼略年譜……111

越後の親鸞と恵信尼

越後の親鸞と恵信尼

親鸞は、日本仏教最大の教団である浄土真宗の開祖である。最近、この親鸞にまつわる越後の七不思議などの史跡を、参詣や観光に訪れる人びとが多い。また、親鸞の門弟唯円《ゆいえん》が、師の言葉を編集した『歎異抄《たんにしょう》』は多くの人びとに愛読されている。

だが、日本の多くの高僧たちの中で、親鸞ほど自己を語らなかった人はいない。当然、伝記について不明な事が多い。中でも越後の親鸞に関する文献は極めて少なく、配所・結婚・布教など重要な事柄は、推測によるいろいろな説に分かれている。

しかし大正十（一九二一）年、見附市の浄土真宗本願寺派、安城寺住職鷲尾教導さんが、親鸞の妻恵信尼の手紙を西本願寺から発見した。そして解読、出版されて以来、多くの真宗史家や郷土史家によって研究され、親鸞の伝記が次第に明らかになってきた。

念仏の弾圧・禁止により越後の国府に流される

平安時代の終わりころ、京都で法然が念仏（南無阿弥陀仏）の教えを広めていた。その法然のもとへ救いを求め、多くの貴族や民衆が集まっていた。親鸞もその一人であった。法然の教えが盛んになり、門弟たちが活躍すると、奈良の寺々や比叡山の延暦寺がねたんで圧力を加えた。

鎌倉時代の初め、奈良興福寺の訴えで、承元《じょうげん》元（一二〇七）年二月上旬、朝廷は念仏の弾圧・禁止を行った。その時の処罰は、死罪四人、流罪八人で、師の法然は土佐国（高知県）、親鸞は越後国に流罪となった。流罪には近・中・遠流《おんる》の三種があり、遠流は死罪に次ぐ重い刑罰であった。越後国は遠流の地であり、親鸞は遠流の刑に処罰されたのであった。

処罰は僧尼令に従って行われた。それは僧籍を奪われて俗人にされ、藤井善信《よしざね》の名前を与えられるというものであった。親鸞はのち主著『教行信証《きょうぎょうしんしょう》』の中で、念仏を弾圧・禁止した朝廷の上皇・天皇や奈良興福寺などを、激しく怒り批判している。さらに親鸞は流人であるが単なる流人でなく、「非僧非俗」といい、「愚禿《ぐとく》親鸞」と

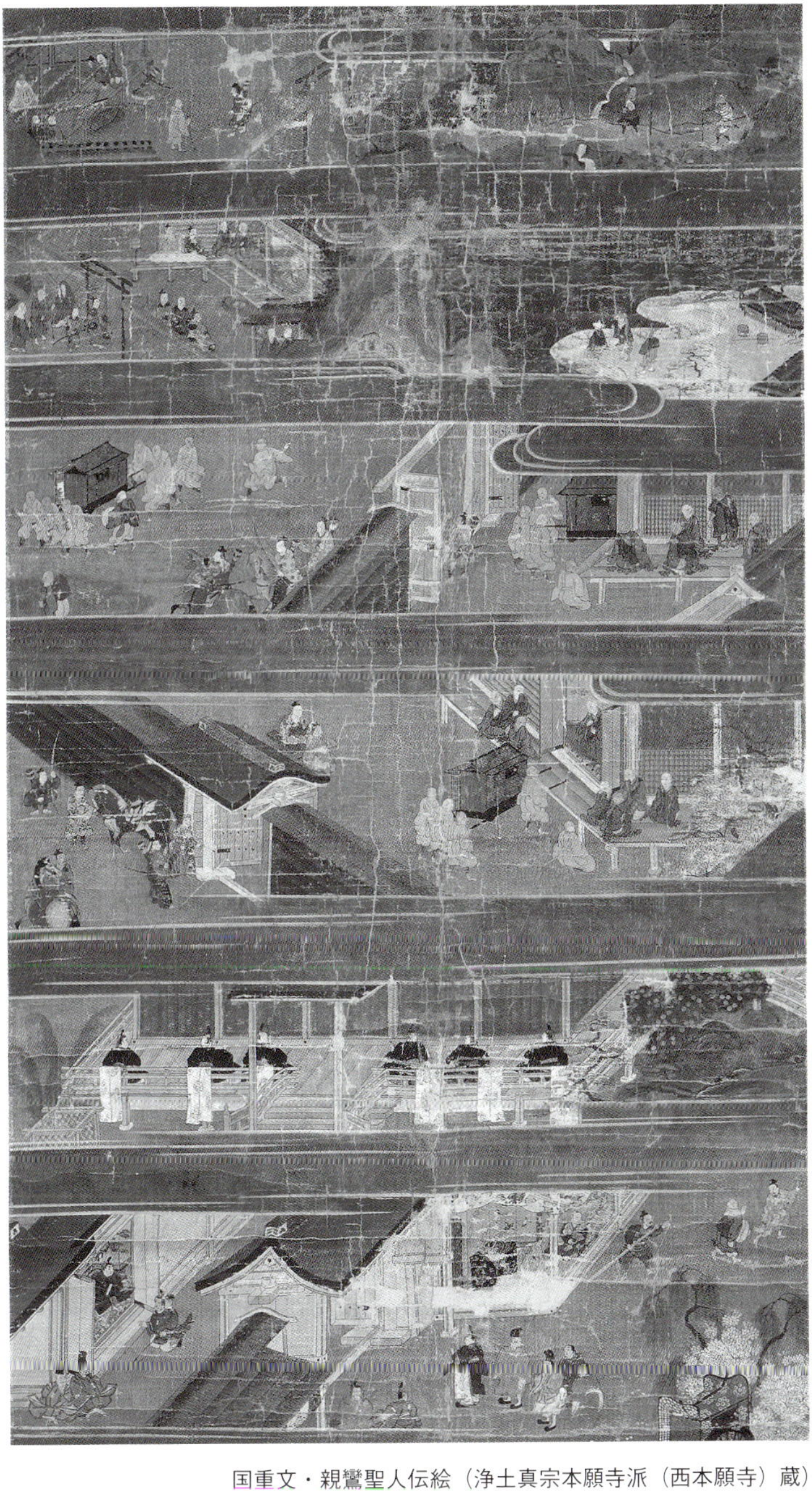

国重文・親鸞聖人伝絵（浄土真宗本願寺派（西本願寺）蔵）

名乗った。

遠流の地　国府と配所

親鸞が遠流になった場所は、『拾遺古徳伝《しゅういことくでん》』によると越後国の国府であり、普通は国府の近くに国分寺がある。そこで国府は現在の上越市五智の付近にあったと、長い間、思われてきた。

五智の近くには親鸞が舟で来られ、上陸したと伝えられる居多ケ浜《こたがはま》をはじめ、親鸞にまつわる史跡と伝説が多い。郷土史家の長い年月をかけた研究によって、配所は最初の一年は国分寺境内の竹之内草庵、その後は現在の本願寺派国府別院境内の竹ケ前《たけがはな》草庵であると説かれている。

ところが昭和三十八、三十九年の中頸城郡南部総合調査をきっかけに、従来の国府の位置に疑問が持たれた。それは、上越市板倉区田井に方二町の土地国分寺があり、田井の西方に流れる関川の対岸、妙高市国賀を国府の国衙《こくが》と考え、この辺り（頸南地域）に国府を想定したことであった。

次いで昭和五十三年に国賀の近く栗原が発掘され、古代寺院の使用した布目瓦《ぬのめがわら》や基壇が発見された。栗原遺跡と呼ばれることになり、「国府・国分寺の遺跡の可能性が強い」と発表された。さらに上新バイパス開通に伴い発掘された、上越市本長者原から大寺院跡らしい地割《じわり》や古瓦、今池からも古瓦などが発見され、国分寺に関連するものと考えられた。そして国府・国分寺は上越市五智の辺りに移動したと想定された。

平安末期から鎌倉期の文芸史料に記される国府は、海岸の近くに存在するように表現されていることから、最近、国府を五智の付近に求める有力な説が発表された。

また、真宗高田派本山専修寺（三重県）所蔵の、「親鸞聖人伝絵」に描かれる越後の配所の背後が、五智の辺りに似ていること、親鸞の主著『教行信証』や和讃に海のつく語句が、多く用いられていることなどは、親鸞が海に接したからであろう。親鸞の生涯の中で海に接した機会が一番多いのは、越後時代である。

これらを総合すると、親鸞の配所があった国府は、やはり上越市五智の付近と考えるのが妥当であろう。親鸞は流人として、はじめは国府の流人小屋で生活し、国府の役人の監視下にあったのである。

恵信尼と結婚

流人の生活は、「延喜式《えんぎしき》」の規定では、一年目は国から米と塩が与えられ、翌年春には種が与えられる。決められた土地を耕し、収穫の秋になれば米・塩・種の給付が止められ、自給自足の農耕生活に入る。従って、親鸞も自分の力で生活しなければならなかった。国府の辺りは、冬は雪が降り北風の猛吹雪の日が続く。農耕生活と吹雪の長い冬は、都育ちの親鸞には苦しい生活であった。

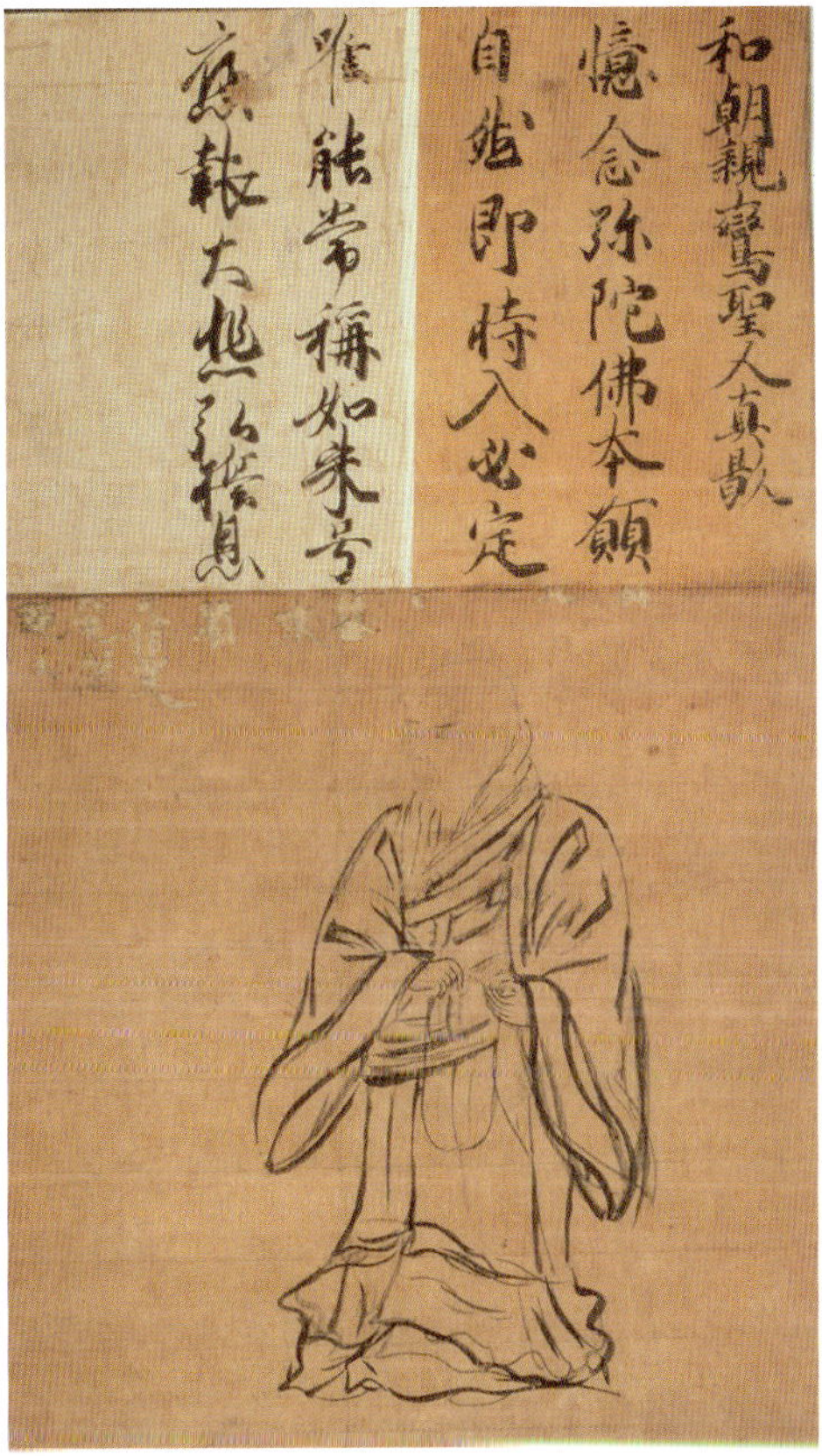

国宝・鏡御影（西本願寺蔵）

僧でなくなった親鸞は、一人で行う農耕の不便さと、青年時代から考えてきた女性と性の悩み、妻をめとって念仏の生活を行う沙弥《しゃみ》生活への憧れ、仏教を民衆化する在家仏教を実践するため、などから恵信尼と結婚した。親鸞の妻についても、一人説、二人説、三人説があるが、確実なのは恵信尼だけである。

結婚の時期については、すでに京都で結婚していたという説もあるが、越後へ流人になってからの可能性が強い。子供の信蓮房は承元五（一二一一）年三月三日に生まれており、親鸞の流罪中である。「大谷一流系図」には信蓮房の前に善鸞と小黒女房がいる。系図の順序は不確実であるが、結婚は承元二（一二〇八）年、親鸞三十七歳、恵信尼二十七歳のころであろうか。今後の研究に期待する。

　系図によると、恵信尼は三善為《みよしため》教《のり》の娘と伝えられている。法然の帰依者、九条兼実《かねざね》の日記『玉葉《ぎょくよう》』に治承《ちしょう》元（一一七七）年のころ、三善為則《ためのり》という人が越後国の役人になっている。教と則はともに「ノリ」と読み、時代も合うため、同一人物と考えられている。為教が任期を終えて京都へ帰ったか土着したかは不明だが、子孫が土着し豪族となったと思われる。その三善氏が室町時代の初期まで、越後の南部に勢力を張り、三善讃阿《さんあ》が明徳《めいとく》五（一三九四）年から二年ほどかけて、上越市板倉区東山寺の山寺薬師に薬師三尊仏を寄進している。

　親鸞と恵信尼の結婚について問題になっているのは、その形態についてである。当時の結婚形態は、古代から中世への過渡期のもので、経営所婿取婚であったと思われ、親が自分の本居と異なる所で経営所（新婚生活をする所）を設けて婿を取り、仮に住まわせ、次に長く住む所に移るものである。越後では中央京都辺りの通りに行われていたか疑問であるが、親鸞は妻である恵信尼の実家三善氏から結婚生活の世話になり、結婚後は流人としては恵まれた生活を送ったと思われる。恵信尼との結婚で、国府に住んでいた親鸞は、三善氏の所領がある板倉地方と関係するようになった。

門弟と布教

　親鸞が流罪を許されたのは、建《けん》暦《りゃく》元（一二一一）年である。しかし、すぐに越後をたとうとはせず、その後、二年ほど越後にとどまった。自由の身になった親鸞は、各地の農民・漁民などの民衆に接する機会が多くなった。親鸞のまじめで、ひたむきな念仏の生活態度に、民衆は自然に教化されたと思われる。

　越後には、親鸞やその門弟が開いたと伝えられる寺がいくつかある。しかし門弟を記す確実な文献「親鸞門侶交名牒《もんりょきょうみょうちょう》」には、「覚善越後国々府住」とある。覚善《かくぜん》ただ一人である。このことから従来、越後時代の親鸞は、思索を続けた内観時代とか、布教の仕方を模索した時代といわれ、布教活動もほとんど行わなかったと思われてきた。

だが、交名牒は京都の仏光寺系が編集したもので、越後を詳しく記すはずはない。また、「牒」の字で分かるように公に報告した記録で、記される名前はすべて僧名の出家者である。

親鸞の教団は俗人が中心で、僧は特殊な人たちで教団のリーダーであった。越後でも覚善をリーダーとして、その周りに、親鸞に接し感化されて門弟になった人びとが存在した。

親鸞の布教がどんなものであったかを知る、有力な手掛かりになるのが次の事柄である。

親鸞は建保二（一二一四）年に、越後から関東へ移住する途中、武《む》蔵国《さしのくに》（茨城県）と上野国《こうずけのくに》（群馬県）の境、上野国の佐貫《さぬき》で貧しい農民を救うために三部経を千回読むことを始めたが、四、五日して念仏の信心が大切だと中止した。

それから十七年後に、風邪の高熱に侵され、同じことを繰り返したが再び中止した。

これは、親鸞が比叡山時代に堂僧として不断念仏を行じていたこ

国宝・安城御影（西本願寺蔵）

とに関連するもので、佐貫で突然起こったものでなく、越後での布教の延長と考える方が自然である。

また、親鸞が越後で恵信尼と共に最も多く関係したと思われる板倉地方は、天台系の山岳仏教が栄えた所で山寺三千坊といわれ、東山寺を中心に念仏が流布していた地域であった。さらに、親鸞の教えを受けた子供の信蓮房は、長岡市寺泊野積の山寺で不断念仏を行じた。

これらの事柄や、親鸞の様子を最もよく描いた「安城御影」から知られるように、親鸞は念仏聖《ひじり》であり、各所に流布していた念仏を媒介に民衆に接したのだろう。

親鸞の布教について各地に伝承がある。特に有名なのは七不思議の話である。その中の一つ「逆《さかさ》竹《だけ》」にまつわる鳥屋野の浄光寺は親鸞が訪れたと伝えられ、本願寺の古い記録にもあり、今後の研究によって親鸞と初期真宗教団が明らかになるだろう。

思索と思想の深化

親鸞が若いころ、念仏の思想を研究したものに、西本願寺所蔵の『観《かん》無《む》量寿経集註《りょうじゅきょうしゅうちゅう》』と『阿弥陀経集註』がある。これは経文の行間の余白と紙の裏に、小さい字でぎっしりと浄土教に関する文献を引用し注記したものである。筆跡や引用の経文から、親鸞の京都時代、越後時代、関東移住直後までの時期に行ったものだということが分かり、壮年期の研究ノートともいうべきものである。親鸞が承元元年に越後へ流罪になった時、

居多ケ浜

経典とともに持ってきて、生涯にわたって持参したものである。

　親鸞は越後において、流罪を契機に、念仏の教えが末法の時代に正しい教えであることを実証しようとした。そのため、多くの浄土教に関する経典や念仏の先覚者の業績を研究した。

　親鸞が越後から関東へ移住した二年目、建保三（一二一五）年に、門弟である性信房《しょうしん》が『教行信証』を見たという重要な記録がある。さらに東本願寺が所蔵する草稿本といわれる『教行信証』より簡略な断片が、滋賀県下から発見されているなど、現在知られている『教行信証』より簡略なものが存在していた。

　このことは、越後時代に既に、原型『教行信証』が出来上がって

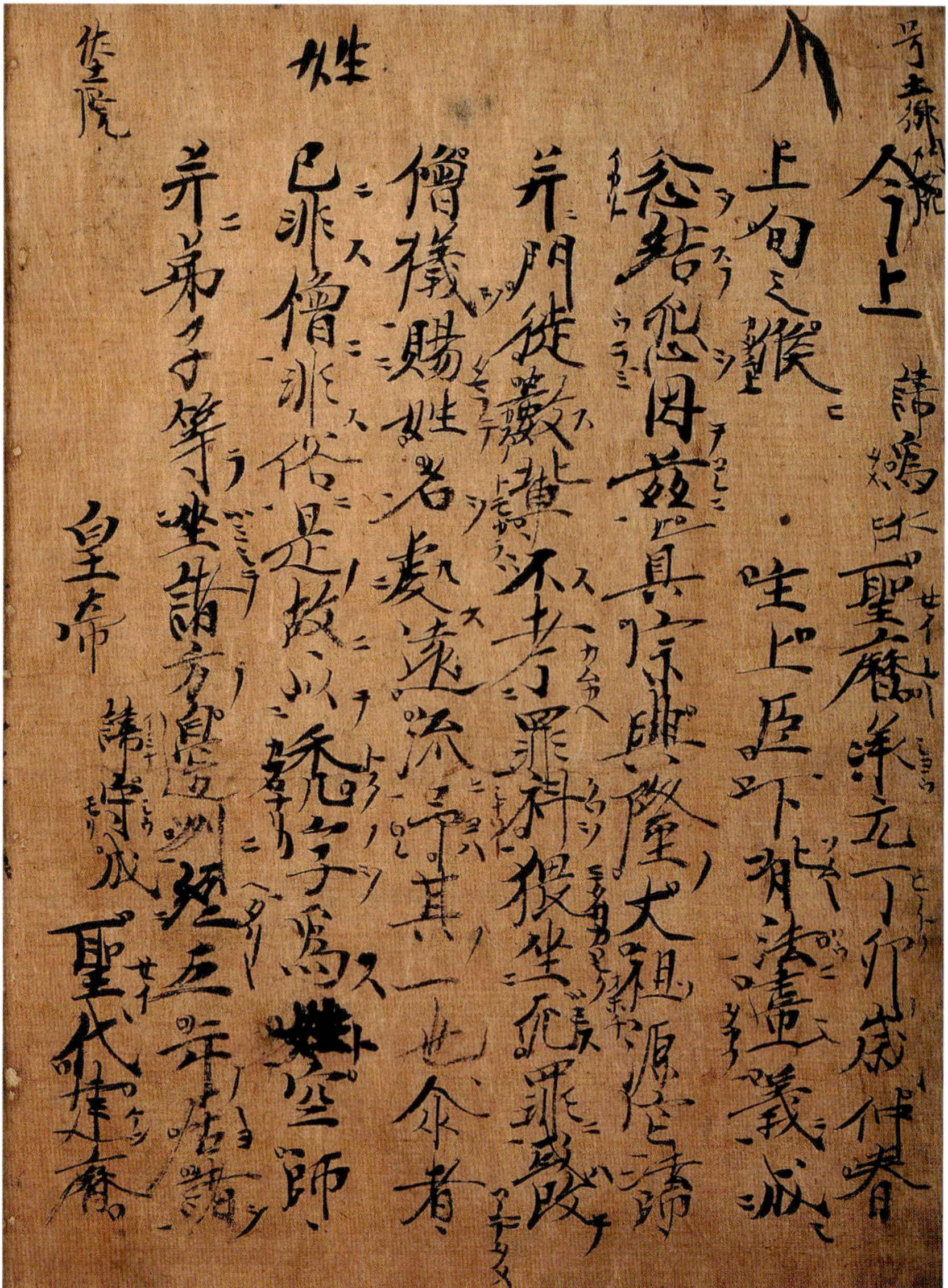

国宝・教行信証（真宗大谷派（東本願寺）蔵）

いたことを示している。

関東へ移住

越後で約七年の間生活した親鸞は、建保二（一二一四）年に、恵信尼と三歳の信蓮房らを伴って、信濃国（長野県）を通り関東へ移住した。移住については『最須敬《さいしゅうけい》重絵詞《じゅうえことば》』に、「事の縁ありて東国にこえ」とあるだけで、何のために移住したか全く不明である。そこで歴史家の間に次の諸説がある。

①越後から関東へ開拓農民が行っていたので一緒に行った。②関東に三善氏の所領があり、それを縁として行った。③親鸞に善光寺信仰があり、関東で活躍していた善光寺聖《ひじり》に関連して行った。④信濃の豪族井上善勝《よしかつ》が関東にあって招いた。⑤法然の遺言に門弟が集まらないよう戒めている。⑥関東に『宋版一切経』があり、『教行信証』を完成するのに都合がよかった、などである。

右の説は、いずれも決め手になる史料はなく推論である。だが、共通して言えることは、関東は鎌倉幕府の所在地で、発展途上の地だったので、親鸞には越後より念仏を広めるのに都合がよかったということである。

晩年の恵信尼

関東で約二十年にわたって布教活動をした親鸞は、文暦元（一二三四）年ころ、妻恵信尼らと共に京都に帰った。京都で二十一、二年の間生活し、建長六（一二五四）年ころに恵信尼は夫親鸞と別れて越後に帰った。恵信尼より少し早く子供たちが越後に帰ったと考えられてきたが、恵信尼が越後から関東に移った後も、越後にある所領の所有権を持っていた。子供たちの中には所領を託され、関東で成長し、京都へ行かずに越後へ戻った者もいたと思われる。

親鸞と恵信尼が夫婦別れをした理由は、恵信尼が越後に残した所領・財産の管理と、孫たちの世話をするためだと思われる。子供の信蓮房は上越市板倉区栗沢、益方は同区玄藤寺地内「マスカタ」、高野禅尼は同区高野に住んだ。小黒女房は、上越市安塚区小黒に嫁いでいた。恵信尼は越後に戻った後、初めは国府の辺りに住み、その後板倉地方に移ったようである。

恵信尼は越後から、京都で親鸞の身の回りを世話している末娘の覚信尼へ手紙を書き送った。これが恵信尼消息で、十通ある。

消息によると、恵信尼は建長八（一二五六）年に覚信尼へ下人八人を譲っている。実際は下人は京都に行かず、恵信尼の所領を耕作していた。

弘長二（一二六二）年十一月二十八日、親鸞が九十歳で死亡した。越後から益方が上京し、臨終に居合わせている。覚信尼は親鸞の火葬を済ませ、十二月一日に、越後の母恵信尼に親鸞の往生の様子を知らせた。その手紙が、二十日過ぎに恵信尼のもとに届いた。

翌三年二月十日に京へ便りがあったので、恵信尼は娘覚信尼へ、誰にも話さなかった夫親鸞の生涯を回顧し、その人となりと信仰を詳細に懇々と数回にわたって手紙に書いて知らせた。その中に五十三年前の日記を調べ、前の手紙の誤りを訂正している箇所がある。恵信尼のきちょうめんな性格が知られる。

越後は弘長二、三（一二六二、三）年は不作で、大変な飢饉《ききん》であった。下人の中には逃げる者もいて、恵信尼は早く死亡した小黒女房の子供、上京している益方の子供を世話しなければならなかった。

文永元（一二六四）年、恵信尼は八十三歳になった。この年、生きているうちに卒塔婆《そとば》を建てようと、高さ七尺の五重の石塔を石屋に注文し、出来上がったと覚信尼に報告している。その後の手紙でも「石塔は運ぶばかりになっている。自分が建てられなければ、信蓮房らが建ててくれるであろう」と述べている。

上越市板倉区米増にある古い形式の五輪塔が、恵信尼が造った石塔と推定され、その近辺が整地されて恵信尼廟所となっている。

晩年の住所「とひたのまき」

恵信尼は飢饉に遭い、文永元（一二六四）年、八十三歳の五月ころに住所を変えた。そして八十六歳になった時、覚信尼に手紙を出した場所が「とひたのまき」であった。「とひたのまき」は恵信尼の晩年の住所である。ただ「とひたのまきより」と書いてあるだけに、多くの歴史家が研究し、いろいろな説が発表され、次第に板倉区内に絞られてきた。

上沢田の「とひたつぼ」、米増の「とよ田」、長塚の「飛田」など、重視すべき地名が現在に残っている。中でも長塚の「飛田」は近くに上越市清里区荒牧という地名があり、かつて牧があったと考えられ、地形などから見て有力な候補地である。だが、栗沢の近く久々野にも「とよ田」「まき」の地名があり、今後の研究によって明らかにされるだろう。

恵信尼像（龍谷大学蔵）

いずれにしても、恵信尼は八十六歳の晩年に「とひたのまき」で生活していた。下人たちを心配し、下痢に苦しみ、年老いて体の弱りを嘆き、覚信尼に綿や針を送ってくれるように頼み、送ってもらった小袖を往生する時に着ようと大切にしている。そして京都の孫覚恵が、修行に越後へ来ることを楽しみにしている。八十七歳になった文永五（一二六八）年の消息には、物忘れがひどくなったことを嘆いている。

恵信尼は一生懸命に働きながら、下人のこと、孫のことを心配し、もうすぐ極楽に行くと死期を悟り、念仏を称《とな》え、仏恩報謝の日々を送り、夫親鸞から教えられた念仏の信仰に生きた、温厚な慈愛あふれる才女であった。おそらく恵信尼は、文永五（一二六八）年に八十七歳で、「とひたのまき」で周囲の人びとに見守られ、大往生したと思われる。しかし、後世の記録では、文永七（一二七〇）年の八十九歳ころまで生きていたと伝えられている。

上　越

大泉寺
浄福寺
浄善寺
専念寺
国分寺
居多ケ浜
光源寺
国府別院
安養寺
性宗寺
浄興寺
常敬寺
山寺薬師
恵信尼公堂
恵信尼廟
親不知
袈裟掛けの松
信越本線
北陸本線
北陸自動車道
上信越自動車道
上越市役所
妙高市役所
糸魚川市役所
上越市
糸魚川市
妙高市
富山県
長野県
8
18
148
292
350

親不知海岸線

北陸道最大の難所

親不知

糸魚川市

承元元（一二〇七）年二月、朝廷の念仏弾圧により、親鸞は流罪で最も重い遠流《おんる》になり、越後国の国府に流された。親鸞の一行は北陸道を下り、越中国と越後国の国境を経て、糸魚川市市振《いちぶり》を通り、親不知《おやしらず》に差し掛かった。親不知の辺りは険しい山々が幾重にもそそり立ち、海岸は岩石がびょうぶを立てたごとくに迫っている。狭い砂浜の波間をぬって走り抜けなければならず、親は子を、子は親を顧みるゆとりがなかったことから名が付いた難所である。親鸞の一行も、親不知を通るためには苦労したことであろう。

親不知を過ぎると外波《となみ》である。親鸞は、村の庄司大文字屋右近の家に泊まった。右近は親鸞を厚くもてなし、念仏のお教えに感化され、門弟になり宗雲といった。その子孫宗誓の時に大雲寺となったと伝えている。真宗大谷派大雲寺に「親鸞聖人親不知通行之図」など、親不知と親鸞にまつわる宝物がある。田海の浄土真宗本願寺派西蓮寺《さいれんじ》にも、親鸞が姫川を渡る時難渋した伝説と宝物がある。

田海から糸魚川を通り過ぎると間脇である。ここにある真言宗海《かい》岸寺《がんじ》は、もと天台宗であった。親鸞が国府からこの寺を訪れ、休んだという腰掛石がある。この海岸寺の境内に笹が繁茂している。

糸魚川市木浦の真宗大谷派西性寺《さいしょうじ》に「親鸞聖人御舊跡《きゅうせき》」の碑があり、親鸞はこの木浦から舟に乗って国府の居多ケ浜《こたがはま》に向かった。

舟旅の間、親鸞は「われ配所におもむかずば、何よりてか辺鄙《へんぴ》の群類を化せん、これ猶師教《なおしきょう》の恩致《おんち》なり」(「御伝鈔」)と、意気込んでいたことだろう。

腰掛石

大雲寺

七不思議

親鸞聖人上陸の地
片葉の葦
居多ケ浜

上越市五智

親鸞聖人上陸の碑

直江津駅から西へ車で五分、国分寺の裏門に着く。案内の石柱を北へ曲がると居多ケ浜《こたがはま》に出る。木浦から舟に乗った流人親鸞の一行が上陸した浜と伝えられている。この浜はかつて入り江になっており、上陸に都合が良かった。

この居多ケ浜に「親鸞聖人上陸之地居多ケ浜」の石柱が立っている。近くの広場に親鸞とお供の二人を描いたレリーフが石塀にはめこまれてあり、流人親鸞の面影がしのばれる。その西方に「居多ケ浜記念堂」が見える。

親鸞は当時、海岸にあった越後一ノ宮、居多神社に参詣した。その時、海面に夕日の輝きを見て、日の丸の中に「南無阿弥陀仏」の名号を書き、次の一首を作ったと伝えられている。

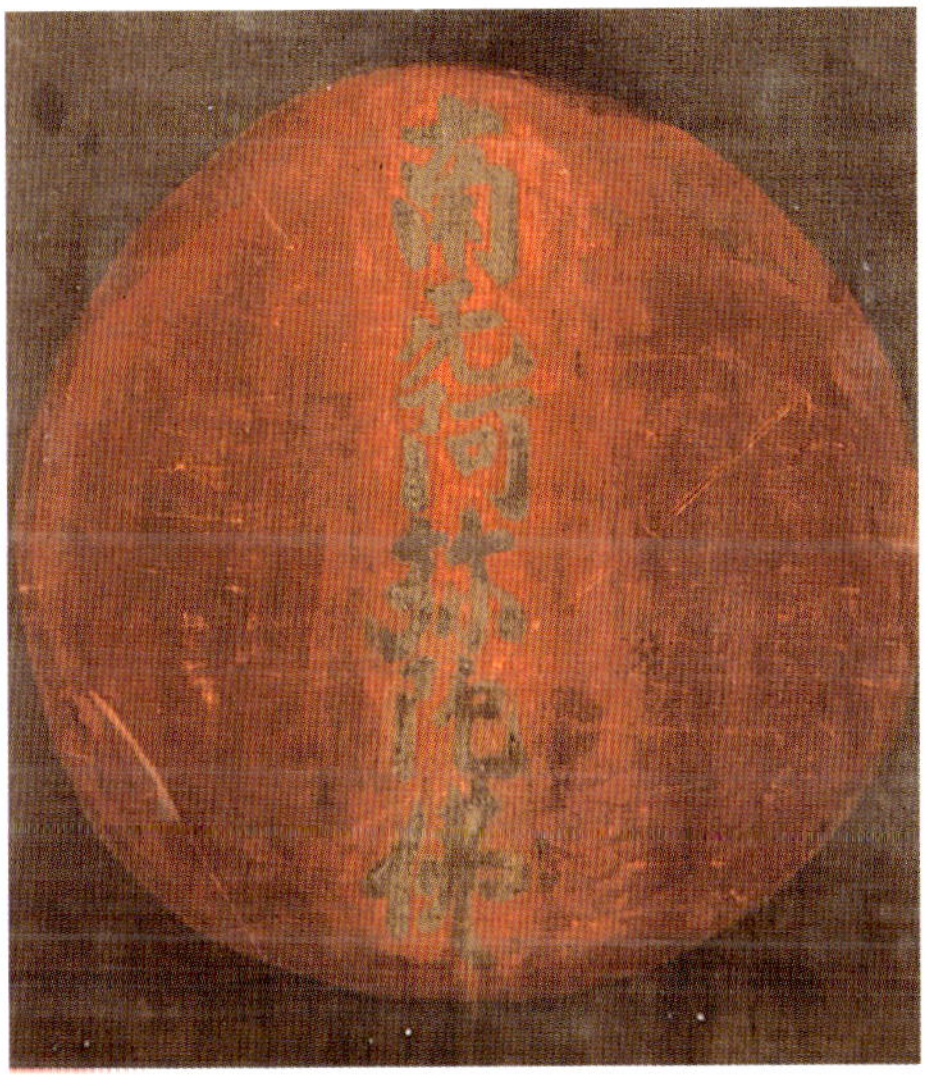

日の丸名号（居多神社蔵）

片葉の葦

居多ヶ浜記念堂（見真堂）

末遠く法《のり》をまもらせ居多の神
　弥陀と衆生のあらん限りは

この「日の丸名号」といわれるものが、丸山重春家に伝えられ、家の前に石碑が立っている。丸山家の西隣に、親鸞が姿を映したという「鏡が池」があり、「親鸞聖人鏡ケ池」の碑がある。

居多ケ浜一帯は至る所に案内板、石碑、石柱があり、親鸞上陸の地にふさわしい聖地の感がある。

また、居多ケ浜・五智・国府には、親鸞の教えに感化され、葉が片方（南）へ向いたという七不思議の一つ「片葉の葦《あし》」が所々に生えている。

親鸞の最初の住まい

国分寺（竹之内草庵）

天台宗
上越市五智

居多ケ浜から南へ、歩いて二分で国分寺である。この寺は鎌倉・室町時代には、居多神社とともに海岸にあった。それを上杉謙信が現在地に再興したものである。本堂は昭和六十三年に消失したが、平成九年に再建された。幸い三重の塔は消失を免れた。

境内には土居《どい》の跡がかすかに残り、かつての館《やかた》の跡を思わせる。

国分寺には、親鸞の最初の住まいである流人小屋と伝えられる、後の竹之内草庵がある。草庵は国府の代官荻原敏景が監視し、親鸞が一年間流人生活をした所である。敏景は後、親鸞の教えに帰依したと伝えられている。

境内には、草庵の跡を示す配所草庵の碑や、「親鸞聖人御配所草庵」の親鸞堂があり、その中には「親鸞聖人座像」が安置されている。堂の前にひと際目立つのが、笠・つえを身に着けた親鸞の立像で、教化のために苦労した姿がしのばれる。

国分寺の東、石段を下りると、親鸞が竹之内草庵で生活した時使ったという、養爺清水が今でも湧き出ている。

おそらく親鸞はこの竹之内草庵

草庵扁頭

親鸞聖人木像

国分寺本堂

聖人布教の図

で、朝廷の不当極まる念仏弾圧を怒り、批判し、反抗していたのだろう。朝廷から与えられた藤井善《ふじいよし》信《ざね》（俗名）の名前を用いず、「非僧非俗」の生活を旨とした。自ら「愚禿《ぐとく》親鸞」と名乗り、単なる流人でなく念仏者の日々を送ったと思われる。

養爺清水

竹之内草庵跡石碑

親鸞堂

配所国府御坊

光源寺

真宗大谷派
上越市国府

国分寺の表門をくぐり、しばらく歩くと、光源寺《こうげんじ》の裏門に着く。「配所国府《こくふ》御坊」の碑がある。親鸞が国府に流罪中、木曽義仲の遺臣堀光政が親鸞に帰依し、覚円房最信となり草庵を営んだ。戦国期に、長尾氏の一向宗弾圧により能登（石川県）に逃げたが、その後、国府の西方、虫生《むしゅう》村に移り、寺号を光源寺と称した。そして再び旧跡地に戻ったという。

　享保十七（一七三二）年東本願寺真如の時、本山の抱地《かかえち》となった。高田別院支院として「国府影堂」あるいは「国府御坊」といわれ、その後、支院と光源寺とを合わせて一寺になった。

　本堂の内陣は影堂と本堂を併設した構造で、親鸞の流罪地にふさわしい荘厳な雰囲気が漂っている。影堂の中央に「流罪勅免御満悦御影」が安置されている。この御影は「左上の御影」ともいわれている。一般に、親鸞の御影は右手を上にしているが、光源寺の御影は左手を上にしていることからこの名が付いた。

　本堂には、全国各地にある親鸞の立像（銅像）の原型となったと思われる「旅立ちの木像」、親鸞と妻恵信尼の「連座御影」など宝物が多い。さらに越後七不思議の標本が展示されており、居ながらに越後時代の親鸞をしのぶことができる。

光源寺

流罪勅免御満悦御影

親鸞聖人越後教化旅立ちの木像

親鸞と恵信尼の連座御影

流人標札

妻恵信尼と暮らした

国府別院（竹之前草庵）

浄土真宗本願寺派
上越市国府

　光源寺の南に国府別院がある。この地は、親鸞が先の竹之内草庵から移り住んだ竹之前《たけがはな》草庵があった所と伝えられている。この草庵で妻恵信尼と新婚生活を営み、男子信蓮房らが生まれ、在家止住の凡夫が救われる、庶民仏教を切り開いた。

　親鸞が関東へ移住した後、草庵は荒廃し、近くの天台宗宝持院の土地となったが、参詣者のために阿弥陀堂が設けられた。その後西本願寺のものとなり、文化二（一八〇五）年に本堂が建立され、小丸山別院と呼ばれるようになり、さらに国府別院と改称された。

　本堂は総欅《けやき》造り、天井は極彩色で美しい。宝物は、宝持院が所蔵していたという、「阿弥陀如来画像」などがある。本堂の南には、親鸞が袈裟《けさ》を掛けたという「袈裟掛けの松」があったが、惜しいことに近年伐採された。

　別院の南方、JR北陸本線の踏切を越えた所には、親鸞が使ったという柳清水がある。

　近くの新光町の真宗大谷派蓮光寺にも、親鸞に関する宝物がある。直江津駅近くの浄土真宗本願寺派真行寺《しんぎょうじ》には、草庵跡に関する近世的文献が所蔵され、郷土史家らに利用されている。

　親鸞は竹之内草庵、竹之前草庵を中心とする国府での生活で、貧

国府別院内陣

国府別院

親鸞聖人木像（蓮光寺蔵）

柳清水

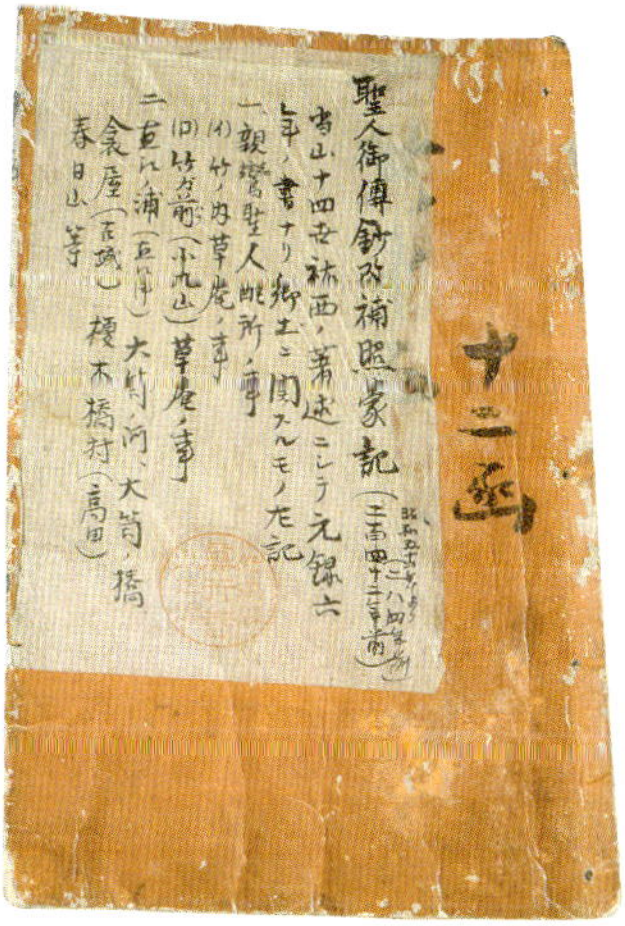

聖人御伝鈔改補照蒙記（表紙＝真行寺蔵）

しい漁民や農民に接した。居多ケ浜に行っては、日本海の荒々しい波、穏やかな波を凝視しながら思索にふけった。親鸞の書いた『教《きょう》行信証《ぎょうしんしょう》』や『正信偈《しょうしんげ》』に「海」の付く字句が多く引用され、海を仏の慈悲に例えている。国府での生活が、親鸞の宗教形成に大きく影響したことを物語っている。

浄興寺

親鸞の頂骨を納める 浄興寺

真宗浄興寺派本山
上越市寺町

　高田駅の西方に城下町特有の寺町があり、多数の寺院が並んでいる。その中央に、広大な境内、壮大な本堂、数カ寺の寺中を構えた浄興寺《じょうこうじ》があり、いかにも由緒ある寺院を思わせる。寺伝によると、親鸞が越後から常陸国《ひたちのくに》（茨城県）稲田に移り草庵を営み、主著『教行信証』を書き上げた。喜びのあまり草庵を「歓喜踊躍山浄土真宗興行寺」と名付けた。略して浄興寺という。

　親鸞は京都へ帰る時、寺を高弟善性《ぜんしょう》に譲った。その後、信濃国長沼に移り、上杉氏に招かれ春日山城下へ、さらに福島城下、高田城下と転々とし、寛文五（一六六五）年、現在地に移った。戦後、真宗大谷派（東本願寺）から独立して、真宗浄興寺派の本山となった。

　浄興寺には親鸞をはじめ本願寺歴代宗主の頂骨を納める親鸞廟《びょう》や、稲田以来の宝物を展示した宝物殿があり、真宗教団史の研究に重要な資料が多く所蔵されている。

　中でも親鸞の真筆「南無阿弥陀仏」の六字名号は、親鸞の書風に接することができる。この寺は親鸞を知るには欠くことのできない寺の一つである。

聖徳太子像

聖人笈

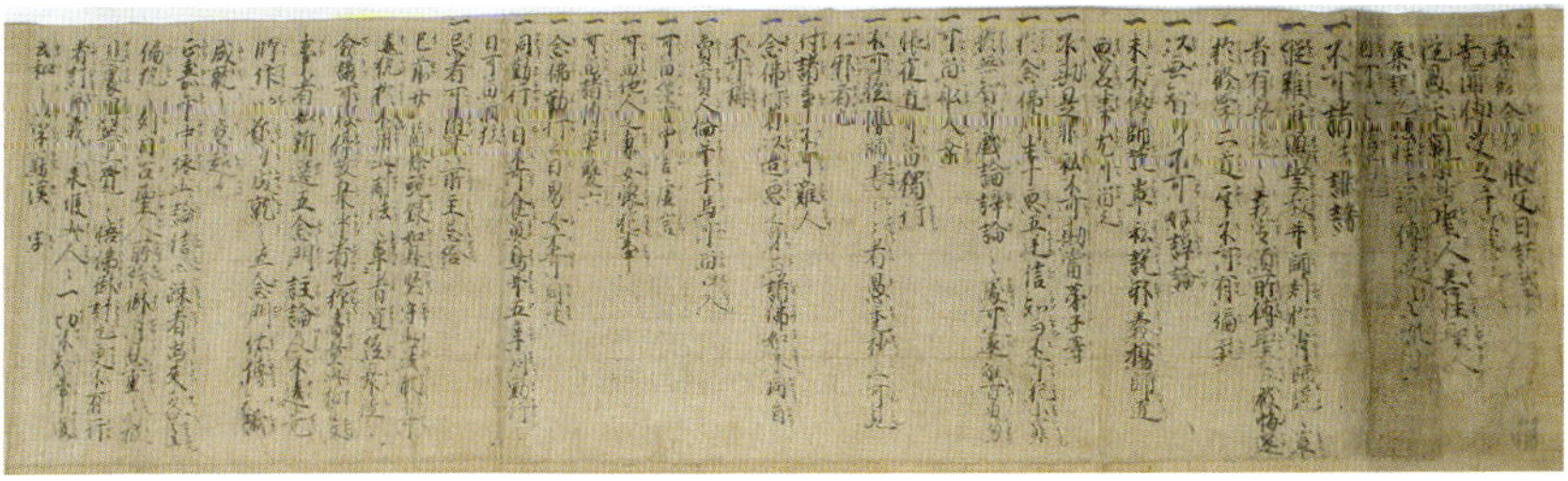

専修念仏張文日記

親鸞廟

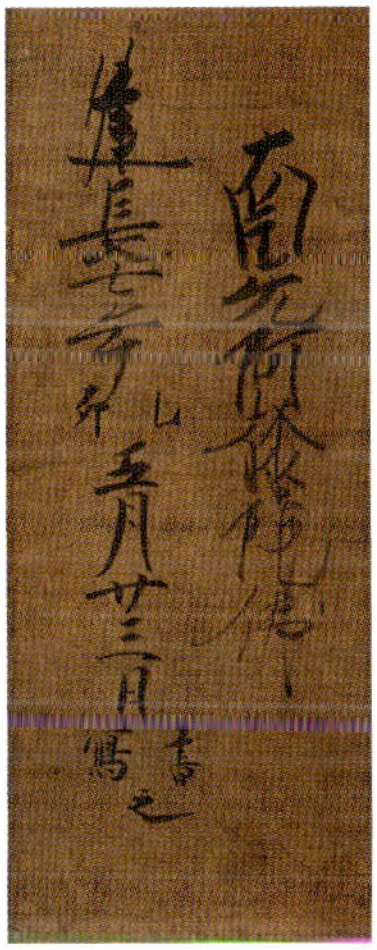

「南無阿弥陀仏」
の六字名号

親鸞聖人木像

親鸞の孫唯善が開いた
常敬寺

真宗大谷派
上越市寺町

浄興寺の南へ二分ほどで常敬寺《じょうきょうじ》に着く。この寺は親鸞の孫唯善《ゆいぜん》を開基とする寺で、珍しく山門の柱が朱塗りの赤門である。唯善は故あって京都から関東の下総国《しもうさのくに》（茨城県）に下った。御宇多天皇の時、中戸山西光院の称号を受け、赤門が許可されたと伝えられている。本願寺八代蓮如《れんにょ》の時、常敬寺と改めた。その後、信濃国、越後国と転々として現在地に移った。

常敬寺には唯善以来の伝統と、その由緒にふさわしく宝物が多い。中でも「親鸞聖人木像」、「聖徳太子像」、「すだれの阿弥陀如来」、親鸞の末娘の「覚信尼《かくしんに》画像」などが有名である。

常敬寺

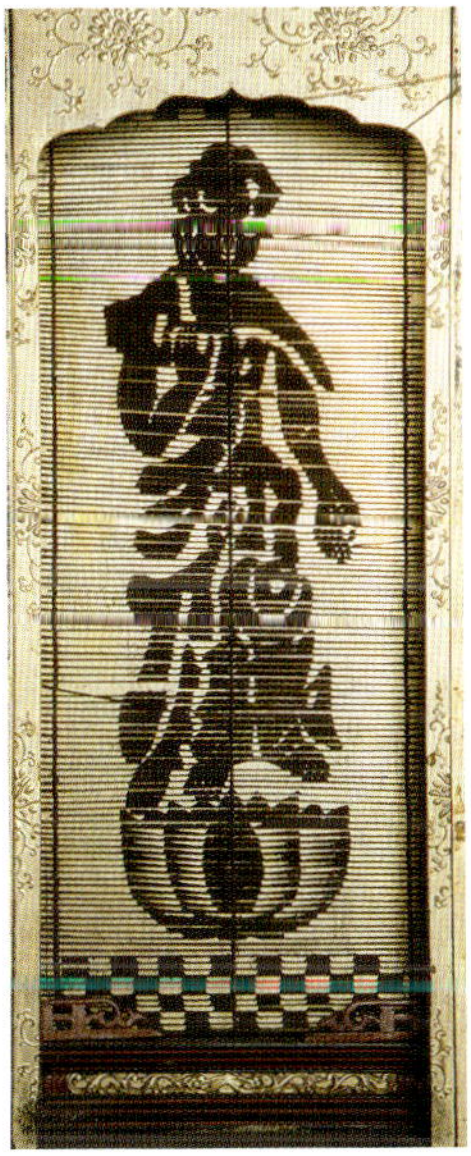

すだれの阿弥陀如来

覚信尼像

門弟信性が開いた

性宗寺

真宗仏光寺派
上越市寺町

高田駅の下りホームから、性宗《しょうしゅう》寺《じ》の門柱に大きく刻まれている「配所草庵御真影」の文字が見える。開基は越前国の人で信性《しんしょう》といい、国府にいた親鸞を訪れ門弟になったと伝えられ、初め越前国（福井県）和田に道場を営んだ。後の一向一揆で活躍した和田の本覚寺である。

性宗寺はこの本覚寺の分かれで、戦国期には国府にあったが、後に現在地に移った。十三世玄尊の時、西本願寺派から仏光寺派に転派し、同派の掛所になり「和田御坊」ともいわれた。

国府にあった関係で、性宗寺には珍しい「親鸞聖人配所草庵御真影」が伝えられている。国府の配所で、親鸞が流人生活を送った粗末な住まい、流人小屋をしのぶことができる。

性宗寺

親鸞聖人配所草庵御真影

阿弥陀如来像

門弟覚善が開いた 安養寺

真宗大谷派
上越市東本町

安養寺《あんにょうじ》は、城下町特有の╮型の道路が数カ所残っている、市街地の東部にある。開基を覚善といい、国府へ流罪になった親鸞の教化によって、門弟になったと伝えられている。覚善について郷土史家たちは、安養寺の記録から『親鸞聖人門侶交名牒《もんりょうきょうみょうちょう》』に「覚善　越後国々府住」とある、人物だと考えている。覚善のあと草庵は衰退し、信濃国(長野県)、越後の国府と移り、現在に至っている。

安養寺には、覚善の持仏といわれる、金銅の阿弥陀如来像が伝えられている。

このほか上越市の高田には、真宗大谷派本誓寺《ほんせいじ》や浄土真宗本願寺派瑞泉寺《ずいせんじ》など、親鸞に関する寺伝を持つ寺があり、それぞれ宝物を所蔵している。

各寺を参詣し、宝物を拝観することは、城下町、特に寺町の情緒に接し、有意義であろう。

安養寺

覚信尼画像（福因寺蔵）

三善氏ゆかりの

山寺薬師

上越市板倉区
東山寺

県道新井―柿崎線沿いの熊川新田の南に米増《よねます》がある。米増の東が山部《やまべ》である。山部から中之宮、釜塚と山道を登ると久々野《くくの》に至る。案内板に従って行くと、猿供養寺、東山寺の集落と続く。ここは丈ケ山の山麓である。集落のはずれ、樹齢七百年の大杉に覆われた、急な石段二百九段を登った所が、山寺薬師の境内である。

薬師堂の中に本尊薬師座像と脇侍釈迦・阿弥陀が安置されている。胎内墨書銘から薬師は応永二（一三九五）年、釈迦は明徳五（一三九四）年に三善讃阿《みよしさんあ》が寄進したもので、京都の六条仏所の仏師が造ったことが知られている。いずれの像も室町期の剛健、素朴な感じがよく表現されている。

三善讃阿は、郷土史家たちによ

左から阿弥陀、薬師、釈迦如来座像

ると、親鸞の妻恵信尼の父と思われる三善為教《ためのり》の子孫と考えられている。三善氏は、地方豪族として鎌倉期から室町初期にかけて勢力、財力を持っていた。

　山寺薬師から、山道を東へ三〇〇メートルほど行くと栗沢である。ここに聖窟《ひじりのいわや》があり、親鸞の男子栗沢信蓮房が修行した所といわれている。また、久々野の真宗大谷派福因寺には、親鸞の末娘の「覚信尼画像」があって、最近の出版物の口絵になり有名である。

山寺薬師参道杉並木

　三善氏ゆかりのこの地は、丈ケ山を中心に山間・山麓一帯が山寺三千坊といわれ、山岳仏教が栄えた所で、寺院にちなむ地名が多い。東山寺の日吉神社や聖窟、また、別所・筒方《どうがた》などの地名から天台系念仏が流布していた地帯であることが分かる。妙高山に流入していた善光寺信仰の圏内に含まれ、恵信尼や子女のゆかりの地であることから、親鸞がこの地域の念仏と関わったと思われる。

聖　窟

恵信尼を顕彰した

恵信尼廟所

浄土真宗本願寺派
上越市板倉区米増

恵信尼消息第七通に、「そとばをたて、み候は、やとて、五じうに候、いしのたうをたけ七さく…」とある。廟所は、恵信尼が造ったと思われる、古い形式の五輪塔を中心に整備されている。

廟所が整地される以前、この辺りは水田地帯で、塔は水田のほとり、コブシの木のそばに苔《こけ》むしていた。それが歴史家の話題になった。

米増の小字名に「五りん田」「とよ田」があり、恵信尼消息第九通の発信地に「とひたのまき」とある。五輪塔と「五りん田」は五重塔に、「とよ田」は「とひたのまき」にちなむものと考えて、西本願寺が恵信尼の顕彰のため廟所を建立した。

現在、境内にはコブシの木が植えられている。木が成長すれば春には芳香を放ち、恵信尼にふさわしい清浄な廟所になるであろう。

米増の東、山部にある藤牧家に、恵信尼ゆかりの本尊などが伝えられている。板倉区には、親鸞の子女の栗沢信蓮房・高野禅尼・益方入道にちなむ、栗沢・高野・益方の集落名や小字名があり、これらは子女の住んだ場所である。また、長塚に「飛田」というのがあり、米増の「とよ田」とともに、恵信尼の晩年の住所「とひたのまき」の候補地となっている。

恵信尼会館

恵信尼廟（右奥に五輪塔）

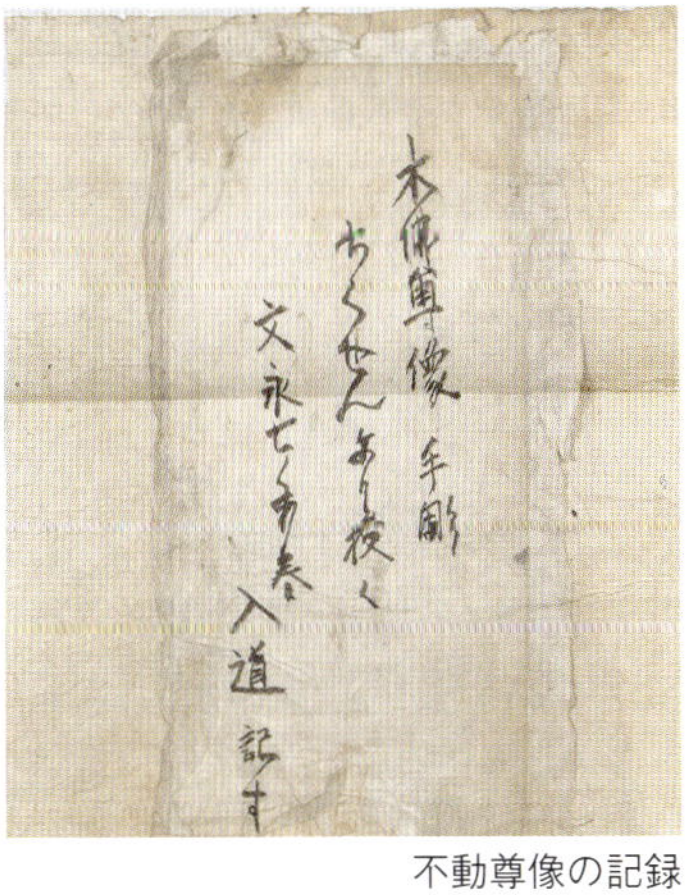

不動尊像の記録

恵信尼ゆかりの本尊

新井別院境内 大蛇退治の伝説

恵信尼公堂 袈裟掛けの松

真宗大谷派 妙高市下町
妙高市関川

袈裟掛けの松

新井駅から歩いて十分ほどで新井別院に着く。境内に恵信尼公堂がある。昭和二十年の終わりころ、旧新井市と旧板倉町に、恵信尼の晩年の住所「とひたのまき」の候補地がいくつも現れ話題になった。恵信尼公堂は、昭和三十一年に恵信尼の遺徳顕彰のために建立された。堂の中には、恵信尼の娘小黒女房が嫁いだ、上越市安塚区小黒の近く、行野の横尾家に伝来した「高僧連座像」が安置されている。

新井別院から国道18号を車で長野に向かうと、二十分ほどで関川である。ここに親鸞が袈裟《けさ》を掛けたという「袈裟掛けの松」がある。現在の松は三代目である。かつては樹齢七百余年の大樹があったが、老朽化し昭和十三年に切り倒した。その後、代わりの松を植えたが、国道改修工事のために伐採し、現在の松は、昭和四十年に東本願寺門首大谷光暢《こうちょう》が植えた。

　親鸞は流罪を許された後、度々、国府から信濃国の戸隠に参詣したという。ある日、関川を通ると大蛇が街道の通行の邪魔をした。それは何日も続き、親鸞は居多ケ浜で拾った石に経文を書いて、大蛇の住む池に投げた。それ以来、大蛇は姿を現さなくなったという。親鸞が石を投げる時、松に袈裟を掛けたと伝えられている。松の近くの畑の中に「親鸞聖人大蛇済度舊跡《きゅうせき》」の碑が建っている。

　関川は妙高山の麓で、妙高山は長野県の戸隠山とともに修験者の山であった。戸隠の近くが善光寺である。親鸞には『善光寺和讃《わさん》』があり、日常の姿を描いた「安城御影」は、聖《ひじり》の調度品を用いている。妙高山には善光寺の阿弥陀信仰があった。関東時代に、親鸞は善光寺聖《ひじり》と関係しながら布教に努めていた。この妙高山麓での伝承は興味深い。

高僧連座像

恵信尼公堂

新井別院本堂

門弟西仏房の法系

専念寺

浄土真宗本願寺派
上越市大潟区渋柿浜

聖人旅立ちの御影

専念寺

直江津から北へ行くと渋柿浜があり、集落の中央に専念寺《せんねんじ》がある。入り口に「見真大師御舊跡専念寺」の碑が立っている。境内には「親鸞聖人御配所国府庵直跡」とある。石碑と墓を併用した古い墓があり、横面に「白鳥山功徳池院専念寺」とある。

白鳥山は信濃国（長野県）の康楽寺の山号で、康楽寺は親鸞の門弟西仏房が開基した寺である。専念寺の山号も康楽寺の系統から来ている。功徳池院は、渋柿浜を中心に日本海岸一帯を功徳浜というところから来ており、親鸞がこの浜で布教したという伝承がある。その関係で専念寺は旧跡となり、宝物が所蔵されている。

しぶしぶ宿の浄福寺

浄福寺

浄土真宗本願寺派
上越市柿崎区柿崎

国道8号から町に入り、なだらかな坂道を少し行くと、小高い所に浄福寺《じょうふくじ》が見える。境内の入り口に碑があり、「祖師御舊跡」「扇谷山浄福寺」とある。

由緒書きでは、鎌倉扇谷の武士井上忠長が信濃国（長野県）から柿崎に移住していた。建暦元（一二一一）年の冬、親鸞が新潟の鳥屋野から国府に帰る途中、吹雪の夜に忠長の家に一夜の宿を請うた。忠長が留守で、女房は断った。親鸞は軒下で笈《おい》を枕に休んだ。

夜更けに忠長が帰って来て女房をなだめたので、しぶしぶ宿をした。忠長は親鸞から念仏の教えを聞き、「南無不可思議光如来」の九字名号を与えられ、門弟になり善順といった。その時の親鸞の歌と、忠長の返歌が伝えられていた

渋々宿絵伝

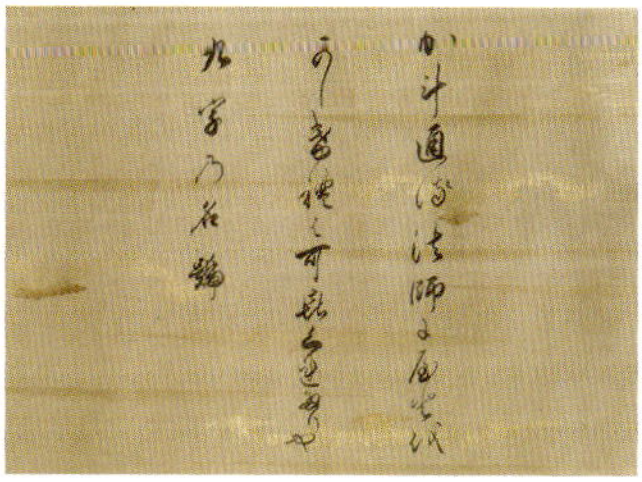

忠長返歌

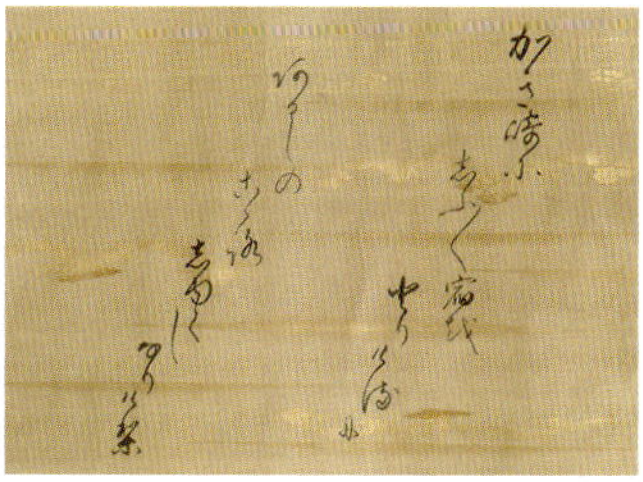

親鸞聖人御詠

が、火災で焼失した。

のち天明七（一七八七）年に、住職教秀が西本願寺に行き、法如宗主から焼失した歌を書いてもらったという、しぶしぶ宿の歌が伝えられている。

親鸞が国府へ帰る時、善順は柿崎に女房を残し、名号を背負い、お供をして米山寺川を越えた。川岸に女房の姿を見た親鸞は善順に、女房のところに帰り、仏恩報謝の生活に励むように諭したので、善順は柿崎に戻ったという。

この時の名号を「川越えの御名号」といい、「渋々宿絵伝」などの宝物とともに浄福寺に伝えられている。

軒下で石を枕に念仏

浄善寺

浄土真宗本願寺派
上越市柿崎区柿崎

浄善寺

町の中央に浄善寺《じょうぜんじ》がある。本堂は珍しいインドのパゴタ様式の建築で、印象的である。

参道の脇には、親鸞が枕にして一夜を明かしたという枕石を安置した草庵跡がある。その少し奥まった所には「親鸞聖人舊跡」の碑が立っている。

由緒書きによると、親鸞が下越後から帰るとき風雪に見舞われ、長井左衛門の家に一夜を請うたが断られ、軒下で石を枕に休んだ。左衛門夫婦が外を見ると、親鸞は吹雪の中で念仏を称《とな》えながら一夜を明かそうとしていた。左衛門はその親鸞に感化され、教えを聞いて門弟になり順信といった。そして、親鸞を米山寺川まで送り、川を越えた親鸞に名号を求めたので書き与えたという。

渋々宿絵伝

親鸞聖人舊跡碑

巧徳浜御詠

枕　石

浄善寺には「川越えの御名号」、「枕石」、「渋々宿絵伝」などが伝えられている。

本願寺三世覚如の子存覚の『存覚袖日記』によると、柿崎はほかの地域よりも早く門徒（真宗の信者）が存在していた所で、親鸞の布教にまつわる伝説とともに興味深い土地柄である。

大泉寺

親鸞聖人像

親鸞が参詣した観音菩薩

大泉寺

真言宗豊山派
柏崎市大清水

国道8号の中浜を南東に曲がり、山道を登って行くと大清水集落に着く。ここに大泉寺《だいせんじ》がある。大清水は、泰澄を開基とする米山薬師を祭る修験の山、米山の麓である。

大泉寺も泰澄を開基と伝えている。境内にはいくつもの建物がある。その中で、観音堂は、上杉謙信が永禄二（一五五九）年に寄進し、再建したものである。建築様式は中世期の特色をよく表しており、国の重要文化財である。

大泉寺の本尊「千手観世音菩薩」は、越後観音札所の第三番で、早くから大清水観音といわれ、霊場として有名であった。親鸞がこの寺へ参詣し、観世音菩薩の慈悲を感得したと伝えられ、ゆかりの「親鸞聖人像」が安置されている。

中越・弥彦
宝光院
弥彦神社
聖人清水、聖人手植えの松
弥彦山
西生寺
地蔵院
菅井家
法円寺
弥彦村役場
弥彦線
燕市役所
西蒲原郡
弥彦村
国上山
燕市
燕三条
三条市役所
安楽寺
三条市
南蒲原郡
田上町
田上町役
加茂市
上越新幹線
信越本線
見附市役所
見附市
三島郡
出雲崎町
片桐家
出雲崎町役場
北陸自動車道
西照寺
永法寺
長岡
長岡市
長岡市役所
越後線
刈羽郡
刈羽村
刈羽村役場
上越線
関越自動車道
信越本線
柏崎市役所
小千谷市役所
川口町役場
北陸自動車道
柏崎市
小千谷市
402
403
116
289
8
352
351
404
17
252
291
353

巡錫の親鸞御影
永法寺

真宗大谷派
長岡市雲出町

巡錫の親鸞聖人御影（永法寺蔵）

長岡市には、有名な親鸞の史跡や伝説はないが、越後の親鸞に関する宝物を所蔵している永法寺《えいほうじ》がある。

寺伝によると、はじめ釈了西が信濃国高井郡井上村で開基した。越後国へは戦国期、大永二（一五二二）年ごろに移り、その後転々として永禄十一（一五六八）年に、現在地に寺地を構えたと伝えられている。近世期に入り、戦国期からの寺歴を生かして寺勢を拡張した。

永法寺に親鸞の筆と伝える「六字名号」がある。さらに親鸞が流罪になった時、北陸道を越中国から越後国へ歩いて来た姿を描いたという「親鸞聖人御影」、親不知の海岸を渡る親鸞を描いたという「巡錫《じゅんしゃく》の親鸞聖人御影」がある。

永法寺

親鸞聖人旅立姿御影
（永法寺蔵）

この御影は、糸魚川市の大雲寺の御影と構図がよく似ている。どのような経路で、永法寺の宝物になったのか興味が持たれる。

　このほか長岡市内には、三条掛所（別院）の草創に功績のあった渡里町の真宗大谷派妙宗寺《みょうしゅうじ》に、「親鸞・蓮如連座御影」などがある。また成願寺町の真宗大谷派蓮光寺に古い形式の「親鸞聖人御影」がある。

親鸞・蓮如連座御影（妙宗寺蔵）

重要文化財の親鸞聖人像

西照寺

真宗大谷派
長岡市上岩井

長岡市の上岩井公会堂前のバス停から、西方に山々が続いて見える。上岩井集落の入り口より山沿いの道を歩いて行くと、西照寺《さいしょうじ》の山門が目に入る。この寺に国の重要文化財の「親鸞聖人像」がある。

西照寺は、親鸞の高弟二十四人（二十四輩）の一人、西念坊を開基とする長命寺（長野県）の分寺である。

西念坊は、母の死により発心し、越後の国分寺に参詣した時、夢告によって親鸞の門弟になったと伝えられている。

初め西照寺は、信濃国松代《まつしろ》（長野市）にあったが、慶長七（一六〇二）年に越後に移り、その後、転々として現在地に至った。「親鸞聖人像」はいろいろな書物に紹介され、有名である。様式は親鸞の死後間もないころのもので、晩年の姿を刻んだものとして、貴重な像である。

西照寺

国重文・親鸞聖人座像

弥彦にあった親鸞聖人像

安楽寺

真宗仏光寺派
三条市八幡町

安楽寺

三条は古来、仏都といわれ、多くの各宗派寺院がある。中でも法華宗総本山の本成寺、真宗大谷派の三条別院などは有名で、安楽寺《あんらくじ》もかつて真宗仏光寺派の別院であった。

安楽寺に、以前は弥彦神社神官高橋家の、屋敷内小堂に安置されていた「親鸞聖人像」がある。この像は、弥彦の神の化身と、親鸞が半分ずつ刻んだという、「刻《きざ》み分けの親鸞聖人像」と呼ばれるものの一つである。像の顔立ちは、一般の親鸞像と異なっている。

像が安楽寺に安置される経過を略述すれば、まず安政年間（一八五四—五九）に、形式的に仏光寺派本山（京都市）に寄進され、弥彦の「聖人清水」のわきの堂に移され、その後矢作《やはぎ》（弥彦村）

刻み分けの親鸞聖人像

の仏光寺派法円寺に保管された。さらに仏光寺派随念によって安楽寺に移管されたものである。

この像を通じて、近世末期の弥彦を中心とした仏光寺教団と弥彦神社の関係、さらに神仏習合の形態に興味が持たれる。

親鸞聖人手植えの椿

親鸞聖人手植えの椿
片桐家

出雲崎町藤巻

出雲崎町の藤巻集落を流れる島崎川の近くに、「親鸞聖人手植えの椿」を伝える片桐家がある。弥彦にも「親鸞聖人手植えの椿」があり、どうして親鸞と椿が関係があるのか不思議である。

片桐家の椿は、親鸞が国府と蒲原を往復した時、片桐家で休み、山椿の枝を梨《なし》に継ぎ木し、念仏がこの椿とともに栄えるであろうと、植えたものであると伝えられている。

片桐家は、親鸞の門弟行善の子孫が在家になったのが始まりという。

片桐家に伝わる絵はがき

大イチョウ

不断念仏の寺

西生寺

真言宗智山派
長岡市野積

ミイラ（即身仏）で有名な西生寺《さいしょうじ》にも親鸞の伝説がある。西生寺は真言宗であるが、本尊は阿弥陀《あみだ》如来で、善光寺如来と様式が同じといわれている。この本尊はかつて、弥彦山中腹の、清水平の堂に安置されていたという。

西生寺には古くから阿弥陀信仰があって、不断念仏が行われていた。親鸞の男子信蓮房が不断念仏を行じた野積の山寺も、西生寺と考えられている。父親鸞と生活を共にした信蓮房の行為から、親鸞も国府から下越後へ来た時、野積を訪れた可能性が考えられる。

西生寺の堂に向かって右手に、大きなイチョウの木があり、親鸞が西生寺に参詣した時に植えたと伝えられている。

伝説と史実の関係を究明するこ

阿弥陀堂

とが、越後時代の親鸞を考える上で、有力な視点となることであろう。

親鸞が腰掛けたと伝える石
地蔵院

真言宗智山派
長岡市野積

地蔵院

親鸞は流罪が赦免になってから、二年ほど越後にとどまった。国府から、鳥屋野など下越地方に布教に出かけた伝説がある。恵信尼消息から親鸞が野積へ来ていたという歴史家がいる。

親鸞が野積へ来た時、地蔵院《じぞういん》を訪れ、腰掛けたという石がある。親鸞はこの石に腰掛けて、海を見下ろした。そして、承元元（一二〇七）年に念仏弾圧で、親鸞が越後国国府に流罪になった時、土佐国（高知県）に流罪になった師の法然を思い続けたと伝えられている。

親鸞の主著『教行信証』に、「本願海」など海の付く表現が多いことから、親鸞の心境がしのばれる。

東本願寺の門首であり、俳人でもあった大谷句仏が、昭和二年に

うそぶき御影（聖徳寺蔵）

腰掛石と句碑

大河津分水の開通を見るため来県した。その時、地蔵院の腰掛石のことを聞いて句を作り、自筆で刻した句碑を建てた。

　地蔵院は西生寺のもと末寺である。西牛寺にも親鸞の伝説があり興味深い。

　このほか、長岡市寺泊荒町の真宗仏光寺派聖徳寺《しょうとくじ》に「親鸞聖人像」がある。この像は口元にしわを寄せており、「うそぶき御影」といわれ、西本願寺の鏡御影によく似ている。今後、親鸞像の研究対象として関心が持たれる一つである。

国上山　弥彦山

親鸞の弥彦参詣
―その伝説の背景―

燕市―弥彦村

国上寺

　観光客が弥彦神社を訪れる時、親鸞が弥彦神社を参詣したという伝説を知っている人は少ないと思われる。ところが、近世末期にはこの伝説は、弥彦では民衆によく知られていた。

　親鸞が、長岡市野積の西生寺を訪れたという伝説は先に述べた。野積は弥彦山の西側中腹のところにあり、西生寺の本尊は、もと弥彦山中腹に祀《まつ》られていたと伝えられている。関係が深そうである。

　親鸞のころの鎌倉時代には、弥彦山や弥彦神社は神仏習合で、弥彦の本地が国上《くがみ》の国上寺《こくじょうじ》とされていた。国上寺は真言宗であるが、本尊は阿弥陀如来で、阿弥陀信仰が濃厚であった。野積、弥彦、国上は、一連の阿弥陀信仰によって連なっていた。さらに関東時代の

弥彦山

親鸞の門弟顕智は越後の人で、この国上寺の順範に師事したと伝えられている。この地域は、親鸞との結び付きを示す要素があったようで、今後の究明が望まれる。
近世の弥彦も神仏習合が強く、周辺は真宗教団が盛んなところである。ここに、神社側が真宗門徒の参詣の増加を考えた。おおよそ親鸞の教えと異なる伝説が生まれる背景があった。

刻み分けの親鸞聖人像
泣き仏を安置する

宝光院
弥彦神社

真言宗智山派
弥彦村弥彦
弥彦村弥彦

弥彦山の神仏習合は平安前期から始まり、弥彦神社は越後一ノ宮として栄えた。その境内に神宮寺があり、阿弥陀堂に阿弥陀如来が安置されていた。

親鸞が弥彦神社に参詣した時、衆生を救うため自分の木像を彫った。半体まで造ったところ、神の化身の老人が現れ、親鸞の願いがかなうようにもう半体を造ったという。世にいう刻み分けの親鸞聖人像が、弥彦に幾つもあった。

その像が、明治維新の神仏分離令による廃仏毀釈《はいぶつきしゃく》によって寺院に移された。また廃仏毀釈により神宮寺が廃寺になり、宝光院《ほうこういん》と一緒になった。現在宝光院にある「親鸞聖人像」も、以前は神宮寺の阿弥陀堂にあったものである。

かつて弥彦神社の宝物殿には、親鸞にまつわる伝説の「泣き仏」（個人蔵）が保管されていた。

親鸞が弥彦神社の神官（舎人《とねり》）高橋家に滞在し、帰る時小さな仏

宝光院

弥彦神社

親鸞聖人ゆかりの泣き仏

刻み分けの
親鸞聖人像

像を刻み残した。ある夜、近くの寺の住職に盗まれた。仏像は高橋家に帰ろうと泣いたので戻したという。仏像は弥彦村の多賀家に伝えられていたが、最近、弥彦神社の宝物殿に移された。

親鸞と弥彦の清水・椿
聖人清水 聖人手植えの椿

弥彦村弥彦
弥彦村弥彦

弥彦神社の鳥居に向かう参道、元の門前町に林部健一宅があり、同家の裏に「聖人清水」がある。親鸞が国府から弥彦神社に参詣した時、庄屋の林部家に泊まった。老女が近くの小川まで行き、水をくんできて使っていた。同情した親鸞が、裏の竹林の隅で、つえを突いて念仏を称《とな》えたところ、清水が噴き出たという。

林部俊治宅には「聖人手植えの椿」という椿の大樹がある。親鸞が林部家に滞在し、教えを説いていた時、愛用の椿のつえを植えた

聖人清水

ところ、成長して大樹となったという。天保年間（一八三〇―四三）の火災で焼失したが、その後植えたのが現在の椿である。

また、親鸞が使っていたという古鍋が、林部家に伝わっていたが、弥彦村麓《ふもと》の真宗仏光寺派広福寺に移され、保管されている。

聖人古鍋（広福寺蔵）

聖人手植えの椿

若い容姿の親鸞聖人真影

法円寺

真宗仏光寺派
弥彦村矢作

法円寺

矢作《やはぎ》のバス停を北に曲がると法《ほう》円寺《えんじ》である。

寺伝では、開基の玄貞が、比叡山で天台の教義を学び、親鸞の教えに深く感じ入り山を下った。玄貞は親鸞が流罪になった越後国の旧跡を巡拝し、鳥屋野の近く沼垂庄に草庵を営んだ。その後、享禄三（一五三〇）年に信者と図り、浜首に寺を建立したが、現在地に移った。元禄二（一六八九）年に安心問題で、大谷派から仏光寺派に転派した。

山門をくぐると左手に鐘楼がある。彫刻は素晴らしい出来である。

宝物の中で注目されるものは「親鸞聖人真影」で、一般に親鸞像は晩年のものが多い中で、この像は珍しく若い顔立ちをしている。

法円寺には親鸞像に関する話が

伝えられている。弥彦神社の神官高橋家にあった親鸞像を、「聖人清水」の脇に移し法円寺が保管したが、のち安楽寺（三条市）に移した。この像にも、弥彦村の宝光院に安置されている像と同じく刻み分けの伝説がある。

新潟市西蒲区石瀬の真宗大谷派浄専寺にも「聖人清水」の地にあった親鸞像が、廃仏毀釈の時に移されている。世に「親鸞聖人形見の真影」といわれている。また燕市溝古新の真宗仏光寺派清伝寺にも、弥彦から移された親鸞像がある。

親鸞聖人真影（法円寺蔵）

親鸞聖人形見の真影（浄専寺蔵）

真言院にあった親鸞像

菅井家

新潟市西蒲区
横曽根

新潟市西蒲区横曽根の菅井家に親鸞像があり、この像には不思議な口伝がある。

上野国《こうずけのくに》（群馬県）の曹洞宗宝林寺住職であった菅井甘露《かんろ》が、僧をやめて俗人になり、横曽根に移住し、屋敷内に塾を開いていた。甘露はある日、弥彦にある親鸞像が、廃仏毀釈のために燃やされそうになり、助けてくれと訴えている夢を見た。甘露は弥彦に行き、お願いして譲り受けたという。

ところが、菅井家には像の授与証があり、像はもと弥彦神社の神宮寺別当真言院にあった。真言院は新潟市西蒲区石瀬の真言宗豊山派青龍寺《しょうりゅうじ》が兼帯していた。親鸞像は、青龍寺が明治元（一八六八）年に菅井家に譲ったものである。この親鸞像も、親鸞が弥彦に参詣したという、一連の親鸞伝説に関係するものである。

親鸞聖人座像

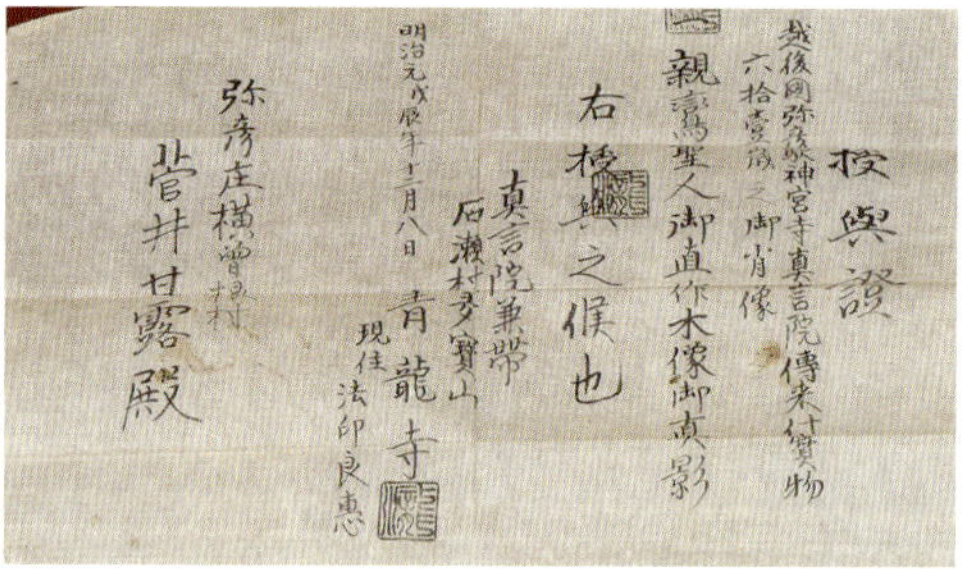
授與證
越後國弥彦神宮寺真言院傳来付寶物
六拾壹歳之御肖像
親鸞聖人御直作木像御真影
右授與之候也
真言院兼帯
石瀬村多寶山
明治元戊辰年十二月八日　青龍寺
現住
法印良恵
弥彦庄横曽根村
菅井甘露殿

授与証

蒲原・新潟

胎内市
北蒲原郡
聖籠町
聖籠町役場
新発田市役所
太子堂
新発田市
蒲原浄光寺
北山浄光寺
阿賀野川
信濃川
113
白新線
北区役所
東区役所
7
新潟市役所（中央区役所）
新潟
鈴木家
関屋分水路
新潟県庁
西方寺
無為信寺
阿賀野市役所
阿賀野市
江南区役所
49
信越本線
460
田代家
西区役所
誓慶寺
8
梅護寺
孝順寺
49
403
西養寺
402
新潟市
越後線
秋葉区役所
磐越自動車道
上越新幹線
460
信越本線
南区役所
五泉市役所
116
西蒲区役所
南蒲原郡
田上町
了玄寺
五泉市
田上町役場
290
加茂市役所
弥彦村役場
弥彦線
燕市役所
289
403
西蒲原郡
弥彦村
燕市
燕三条
三条市役所
加茂市
116

七不思議

ツナギガヤ
了玄寺

真宗大谷派
田上町田上

ツナギガヤ

ツナギガヤの実

田上は湯田上温泉の入り口にあたる集落である。湯田上郵便局の少し先を右手に曲がると了玄寺《りょうげんじ》に着く。

了玄寺の東約四キロの所に護摩堂山がある。そこの城主宮崎国光が親鸞の教えに目覚め、門弟になり、親鸞へお茶菓子にカヤの実を献じた。

このカヤの実は、農民たちが年貢の代わりに納めたり、飢饉《ききん》などの備えにしていたもので、実の穴に糸を通し数珠のように保存していた。親鸞は念仏の教えを説き、実を庭に埋めた。カヤは根を出し芽ぶき、繁茂したという。

了玄寺の境内にあるカヤの木は、蓮如上人の時代に、先の城跡から移植したと伝えられている。木は根元から数本の大きい幹に分

了玄寺

親鸞聖人像

かれ、横に伸びている。葉は表と裏に互い違いに生えているので「お手かえしのカヤ」とも呼ばれている。七不思議の一つで、国の天然記念物に指定されている。了玄寺には、ほかにもいろいろな宝物が保管されている。

七不思議

保田の三度栗

孝順寺

真宗大谷派
阿賀野市保田

三度栗

旧三度栗跡

阿賀野市安田支所から少し歩くと孝順寺《こうじゅんじ》に着く。

親鸞は流罪が赦免になった後、布教のために北蒲原郡北東部に来ていた。源氏の家臣渡辺競《きそう》の妻が、夫の命日に親鸞に教化され信者になり、供養に焼いた栗を出した。親鸞は仏縁を説き、栗を土に埋めた。すると根を生やし、芽が出て枝も伸びた。その上、一年に三度も実ったという。親鸞は喜んで「南無阿弥陀仏」の六字名号を与えたという。

村人は草庵を構え、これを安置した。草庵は後、専念寺となった。この栗は「保田の三度栗」といって七不思議の一つである。当時の栗の木は枯れてしまい、現在のものは、その後、若木が育ったものである。

専念寺は、何度か移転する度に寺号を改めた。その後、孝順寺となり現在地に移った。

境内と伽藍《がらん》は、千町歩地主といわれた豪農の斉藤氏の邸宅である。老樹に囲まれた境内と庭園は素晴らしい。本堂には三度栗の標本が展示され、宝物に六字名号などがある。

六字名号

孝順寺

二十四輩第十一の寺

無為信寺

真宗大谷派
阿賀野市下条町

白鳥の渡来地として有名な阿賀野市、水原駅から線路に沿って歩くと西福寺がある。さらに二〇〇メートルほど行くと無為信寺《むいしんじ》である。広大な境内と伽藍《がらん》は、いかにも由緒ある寺らしい。

親鸞聖人半身の御影

　この寺は、親鸞の高弟二十四人（二十四輩）の一人、無為信房が開いた。無為信は甲斐《かい》武田氏の後《こう》胤《いん》といい、奥州（福島県）に建立した。その後、白川郡棚倉、駿河《するが》国（静岡県）の田中、京都六条に移転したという。

　宝暦十（一七六〇）年に、東本願寺十九世乗如の命により、柄目木（新潟市秋葉区）の蓮入寺を無為信寺と改称し再興した。再興は豪農佐藤宗栄の尽力によった。その時の住職は学職豊かな順宗であった。

　順宗の子徳龍、徳貌、孫の行忠と学僧が輩出した。中でも徳龍と行忠は大谷派の最高の学位「講師」となり、宗学の研究と布教に活躍し、多くの著書を残している。

　宝物には貴重なものが多い。その中で真宗関係では、「高僧連座像」「親鸞聖人半身の御影」、初期の「方便法身尊像」などが有名である。

無為信寺

方便法身尊像

高僧連座像

太鼓堂

七不思議

八房の梅・珠数掛桜

梅護寺

浄土真宗本願寺派
阿賀野市小島

八房の梅
（四月中旬見頃）

八房の梅の実（五月中旬見頃）

阿賀野川に架かっている阿賀浦橋を渡ってしばらく行くと、旧堤防に沿う集落、小島に着く。梅護《ばいご》寺《じ》の境内は、川に臨む小高い所にある。

親鸞は小島へ来て数カ月間滞在し、布教したと伝えられている。

縁起によれば、親鸞がある家に泊まり、あるじ夫婦に念仏の教えを説いたところ、夫婦は信者になった。親鸞は喜びのあまり「帰命尽十方無碍光如来」の十字名号を書き与えた。夫人は塩に漬けた梅をお膳につけて出した。親鸞はその梅の種を庭に植え、念仏のありがたさを説いた。すると、不思議に芽を出して、枝葉が茂り、薄紅の八重の花が咲き、花一つに八つの実を結ぶようになったという。世に「八房の梅」という。こ

珠数掛桜（五月上旬見頃）と全景（写真下）

梅護寺

の梅の木は草庵跡にあり、今でも八つの実を結んでいる。

　梅護寺にはもう一つ、親鸞にまつわる伝説がある。親鸞が小島に滞在中、布教に歩き、手に持っていた数珠を道端の桜に掛けた。わが広める法が偽りでなければ、花房数珠のようにならん、と教えを説いた。不思議に毎年、数珠の房のように花房が垂れ下がって咲くようになったという。

　世に「珠数掛桜」といわれ、国の天然記念物に指定されている。「珠数掛桜」と「八房の梅」は共に七不思議になっている。

注：「じゅず」は本来「数珠」であるが、「珠数掛桜」においては「珠数」と表記される。

七不思議

逆竹にまつわる 西方寺

真宗大谷派
新潟市中央区鳥屋野

逆竹

新潟市中央区鳥屋野に逆竹《さかさだけ》の西《さい》方《ほう》寺《じ》がある。東方には鳥屋野潟があり、近くに信濃川が流れている。信濃川と阿賀野川沿いの自然堤防上に形成された古い集落に、親鸞にまつわる七不思議の伝説が六つ分布している。その一つが逆竹である。

親鸞は、国府から鳥屋野に来て三年間ほど草庵を営み、布教したと伝えられている。恵信尼消息からも、親鸞は野積や国上に来たようである。その鳥屋野へ、能登《のと》国（石川県）から新潟に移っていた西方寺が、東本願寺から親鸞の史跡護持の命を受け移転し、顕彰に努めた。

御旧跡地の山門の脇に「天然記念物鳥屋野逆竹藪《やぶ》」の碑がある。親鸞が鳥屋野で布教に苦労し、

西方寺

逆竹御旧跡地入り口

念仏を広めようと、持っていた竹のつえを地面に押し、念仏の教えを説いていた。すると根が生じ、逆さに芽や葉を出し、やがて繁茂し竹やぶになったという。現在、竹やぶは少し離れた所にある。逆竹は国の天然記念物に指定されている。

　草庵跡には堂が立っている。近くに井戸があって、親鸞が水をくむ際、袈裟《けさ》を掛けたという「袈裟掛け松」がある。そのほか「西方寺絵伝」など宝物が多い。なお、逆竹は標本になって展示されている。

枕石

袈裟掛け松

御多屋

七不思議

焼鮒伝説

田代家

新潟市西区
山田

信濃川をはさんだ新潟市中央区鳥屋野の対岸に山田の集落がある。田代家の入り口にある碑に「見真大師　焼鮒御旧蹟」と大きな字で刻まれている。

鳥屋野で布教していた親鸞の流罪が赦免になったので、山田の民衆が別れを惜しんで宴を催し、親鸞に焼いた鮒《ふな》を出した。親鸞は袈裟を榎《えのき》に掛け、念仏を称《とな》えて、山王神社の境内にあった池に鮒を放した。鮒は生き返って泳ぎ出したという。

寛政八（一七九六）年、親鸞が袈裟を掛けたという、大きい榎の枝が大風で折れた。折れ口に親鸞の姿と、焼鮒の形が現れたという。それを民衆が山王神社の神官田代家に安置して、親鸞をしのんだという。現在、田代家には、焼鮒は家宝として大切に保管されている。七不思議の一つである。

焼鮒御旧蹟石碑

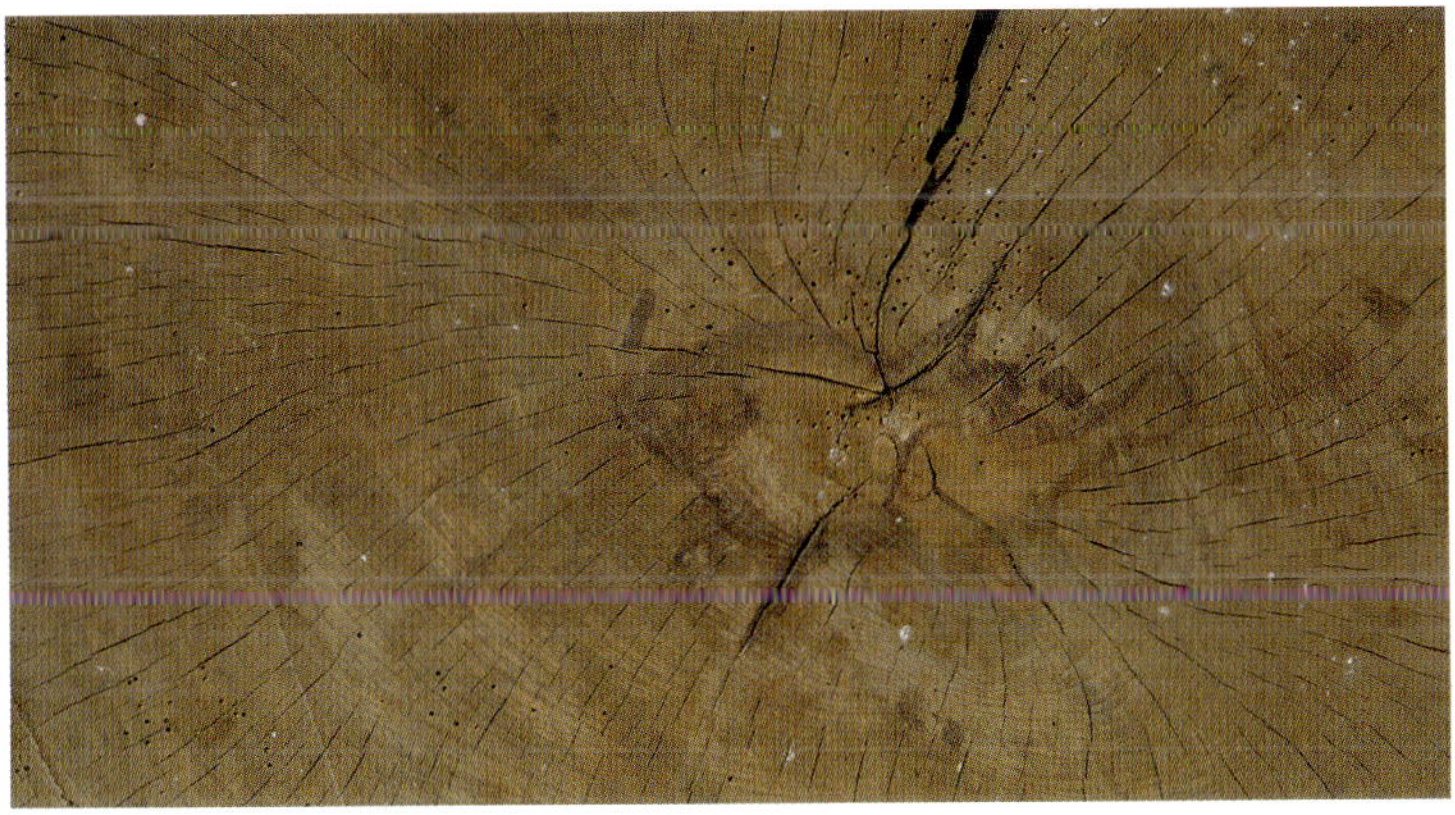
山田の焼鮒

七不思議

焼鮒円盤

誓慶寺

真宗大谷派
新潟市江南区平賀

県道新潟—小須戸線の舞潟を東に曲がると平賀に着く。そこに誓《せい》慶寺《きょうじ》がある。この寺にも焼鮒の伝説があり、かつて焼鮒伝説の田代家のある山田にあったという。

寺の沿革では、南蒲原郡田上町の護摩堂山《ごまどうやま》の城主栗林権濃守が出家し、真言宗の僧となり、山田に来て光明寺を建立した。その子孫が、親鸞の教化により信者となり、慶誓といったという。後に誓慶寺となった。

十二光仏名号本尊

慶誓らが、流罪が赦免になった親鸞にごちそうをした。親鸞はそのうち焼いた鮒《ふな》を池に放ち、民衆に感謝し、仏縁を広めようとしたという。

その後、大風で倒れた榎《えのき》の株から、親鸞と焼鮒の姿が現れたという。こうして誓慶寺が焼鮒の旧跡となった。

後、門徒の願いにより、誓慶寺は平賀の里に移住した。農耕に従事し、開発に努め、焼鮒の旧跡を守護、顕彰している。宝物に「親鸞聖人お別れ御真影」「榎焼鮒盤」「十二光仏名号本尊」などがある。

焼鮒円盤

誓慶寺

波切り御名号

鈴木家

新潟市西区
平島

波切り御名号

主要地方道新潟ー黒埼インター線を、黒埼に向かって行くと、左側に鈴木邸がある。ここに親鸞が書いたといわれる「波切り御名号」がある。

親鸞が鳥屋野からこの地に来て念仏を広め、信濃川の向こう岸へ舟で渡って帰る途中、急に北風が激しく吹いて嵐となり、船頭が力尽きて途方に暮れた。それを見た親鸞が、懐から紙を出して、「南無阿弥陀仏」の六字名号を書いて舟の先に付けると、不思議に嵐と波が静かになり、無事に鳥屋野に着くことができたという。

この名号は「二十四輩川越波切り御名号」といわれ、鈴木家に伝えられ家宝になっている。

新潟市江南区酒屋町の真宗大谷派敬覚寺《きょうかくじ》にも、「川越波切り御名

欄間

鈴木家

号」に関する寺伝がある。親鸞が名号を八木次左衛門に与え、次左衛門は門弟となり釈法西と名乗った。寺地に草庵を営み、後の敬覚寺となった。十世覚法の時、現在地に移った。そのとき、名号を鈴木家に託したとも伝えられている。

蒲原浄光寺

親鸞の開基

蒲原浄光寺

浄土真宗本願寺派
新潟市中央区西堀通

西堀通のイタリア軒を過ぎると蒲原浄光寺である。沿革は、初め真言宗で放光院といい、蒲原の津、鳥屋野に創建された。住職印信の時、親鸞がここに泊まった。印信は親鸞の教えに感化され、門弟になり常聞房と名乗った。そして放光院を鳥屋野院と改称したという。

承久三（一二二一）年に順徳上皇が来られ、金波山鳥屋野院浄光寺となったと伝えられている。宝徳元（一四四九）年に、本願寺八代宗主蓮如が、東国修行のため北陸に下向し、国府から鳥屋野の浄光寺を訪れ、

師の跡を遠く尋ねて来て見れば
泪《なみだ》にそむる紫の竹

と、和歌を詠じた。

蓮如の十男実悟の記録に浄光寺

を「開山御座所」とあり、蒲原浄光寺は親鸞の開基と書かれている。また『反故裏書《ほごうらがき》』にも紫竹が昔から今に繁茂していたとある。このように浄光寺は、早くから親鸞の史跡として知られていた。

　浄光寺は度々の信濃川の水害のため、寛文十一（一六七一）年に現在地に移った。宝物に「親鸞聖人真影」「十字名号」「聖徳太子像」などがある。

表門

七不思議

逆竹の伝説

北山浄光寺

浄土真宗本願寺派
新潟市中央区西堀通

北山浄光寺

西堀通にもう一つ浄光寺がある。北山浄光寺である。本堂の左手に由緒にふさわしく、親鸞の旅姿の銅像が立っている。寺の沿革は、親鸞が島屋野に来て草庵を営み、念仏を説いた。この草庵が後の浄光寺になった。逆竹《さかさだけ》の奇瑞《きずい》があって信者が多く集まった。親鸞は門弟の善覚に草庵の留守を任せ、各地を布教したという。

順徳上皇も来られたといい、蓮如も訪れ、親鸞をしのんで感涙したと伝えられている。また、宝物も数多い。北山浄光寺は、慶長十二（一六〇七）年に現在地に移転したと伝えられている。

北山浄光寺と蒲原浄光寺は、親鸞の門弟の名前が異なるが、ほぼ同じ寺伝である。訪れる人たちは関心を持つことであろう。

西堀通にはほかに真宗大谷派勝念寺、勝楽寺、真宗寺などがあり、それぞれ親鸞に関する宝物を伝えている。各寺を参詣し、拝観することも有意義である。

旅姿の銅像

七不思議

ツナギガヤと縁の深い 西養寺

真宗大谷派
新潟市江南区酒屋町

酒屋町中町通りの酒屋公会堂の近くに西養寺《さいようじ》がある。この寺は、伝説のツナギガヤがある南蒲原郡田上町にあった。真言宗で七堂伽《が》藍《らん》を構えていたが、親鸞の教えにより真宗に改宗し、後に西養寺となった。田上町の了玄寺と同じくツナギガヤの伝説を伝え、田上の地には今でも西養寺屋敷の地名が残っている。ここがツナギガヤの旧跡地である。

その後、元亀年間（一五七〇―一五七二）に、北条勘之丞の招きにより田上から現在地に移った。何度か火災に遭ったが、幸い「親鸞聖人像」「玉日姫像」など宝物が残っている。玉日姫とは恵信尼の消息が発見されるまで、親鸞の妻と考えられていた女性である。新潟県内では「玉日姫像」は珍しい。

親鸞聖人座像

玉日姫像

西養寺

親鸞作という聖徳太子像

太子堂

新発田市佐々木

新発田市の北部、聖籠町の近くに佐々木の集落がある。ここの太《たい》子堂《しどう》に、親鸞が刻んだと伝える聖徳太子像が安置されている。親鸞は和讃に、聖徳太子を「和国の教主」として崇拝している。また、初期真宗教団にも太子信仰が濃厚であった。

　この聖徳太子像は、古くから佐々木を中心とした地域の人々に信仰されていた。近世中期に娘を遊女に売った貧しい農民が、盗人に金を取られようとしたとき、聖徳太子の化身が現れ救ったという伝説が伝えられている。農民は真宗門徒であったので、その後、太子を厚く信仰したという。真宗門徒と太子信仰の結び付きに、この地域の信仰形態の謎がありそうだ。

　このほか新発田市には、中央町二丁目の真宗大谷派託明寺《たくみょうじ》に、親鸞のひ孫覚如の作と伝える「親鸞聖人像」があり、東本願寺御影堂に安置されている「親鸞聖人像」に顔立ちが似ているといわれている。また託明寺には「居多ケ浜図」もあり、大変珍しいものである。

居多ケ浜図（託明寺蔵）

太子堂

太子像

解説

親鸞の史跡・伝説の特徴

一般に知られている高僧の伝説の代表的なものは、全国各地にある弘法大師（空海）の史跡・伝説である。その他、仏教各宗派の宗祖や高僧たちにも史跡・伝説はつきものである。

親鸞の史跡・伝説には、植物や自然現象と結びつけられたものが多い。しかも弘法伝説と同様に現在の常識からすれば、非科学的である。だが、その奇跡的な伝説である奇談話は、聖者親鸞として非凡性、あるいは超人性を力説するものであり、そこから生ずる奇談物語は、参詣者にとって長旅の疲れを癒やしてくれるものだった。伝説の内容は親鸞への報恩となり、多くの真宗門徒に信仰された。門徒たちは各地の史跡を参詣し、伝説を聞くことによって報恩謝徳の念を強めた。

そこで、紹介してきた史跡・伝説の中から、植物や自然現象のものを中心に、取り上げて考えてみたい。

植物では海岸寺（糸魚川市）の竹や、鳥屋野（新潟市）の逆竹がある。竹やササはせき止めに効き、施療に用いられた。竹の根の成長力や、茎に霊が宿る観念は古くから『竹取物語』が示しており、竹林は一つの聖域と考えられていた。

山田の焼鮒（新潟市）の地は、山王権現（日吉神社）があり、天台宗の地域である。鮒はタンパク源である。田上のツナギガヤ（南蒲原郡田上町）も栄養源であり、護摩堂山はかつて修験者に関係があり、山田の山王権現と同様、比叡山で堂僧をつとめた親鸞に接近しやすい環境であった。

八房の梅・珠数掛桜（阿賀野市）については、梅は施療に用いられ、桜も薬として民間医療で使われる。椿（西蒲原郡弥彦村、三島郡出雲崎町）の種子は、油と栄養源である。三度栗（阿賀野市）も栄養源の他、その伝承が「渡り」と思われる。

鈴木家の「波切の名号」は船頭、いわゆる「川の民」である。さらに渋々宿伝承（上越市）では、浄福寺は扇屋、浄善寺は扇舎であり、扇作りか扇を売る職人、あるいは商人と関係がある。「渡り」「川の民」「職人」「商人」は、いずれも最近話題になっている真宗初期教団の基盤を成す民衆であり、多くの史家の関心を集めている。総じて親鸞の史跡・伝説の本格的研究は、今後に期待されている。

親鸞は越後へ流罪になったとき、

「大師聖人源空（法然のこと）若《もし》流刑に処せられたまはずば、我もまた配所に赴《おもむかん》哉《や》。もしわれ配所に赴ずば、何に由てか辺鄙《へんぴ》の群類を化せむ」（『御伝鈔』）

と意気込んでいる。親鸞の救いの対象は、越後の下層階級の魚民・商人・農民であったと思われる。

さらに親鸞の肖像画「安城御影」「熊皮御影」の中で親鸞が身に着けている調度品を見てみると、親鸞が聖的性格を持ち、各地に布教に訪れ、生活に苦しむ民衆に接し、その救済に悩んだと考えられる。とすれば先に略述した奇談的伝説は、民俗学的研究を学術的に深めれば、越後の親鸞の理解に資料を提供することになるだろう。事実、親鸞の行動に結び付ける学者もいる。

しかし、史跡・伝説の成立で言及するように、その時期は後世で、現段階では一部分を除いては早急すぎる。結論を急げば、誤った親鸞像をあたかも事実のごとく語りかけ、読者を惑わすことになる。

史跡・伝説の多い地域とその成立

越後は日本海に沿って長く広大な国である。それぞれの地域には親鸞の史跡と伝説が数多くある。中でも次の地域に集中的に多い。その理由と成立を略述したい。

（1）親鸞の流罪地である国府（上越市）と、恵信尼の晩年の住所（同）、さらに関東から由緒寺院が移転した高田（同）のいわゆる上越地方である。

上越地方、特に国府は越後時代の親鸞を含めた真宗初期教団や蓮如が訪れたという古い史跡・伝説が多い。しかし、長尾氏の無碍光衆《むげこうしゅう》（真宗門徒）弾圧が厳しく徹底された地域と思われ、史跡・伝説は姿を消し、国府の中世と近世はその歴史が断絶した。その後、上杉謙信が無碍光衆弾圧を緩和し、さらに保護し、教団は発展する。そのため上杉時代の人物・地名などに関係づけた史跡・伝説が戦国末期ころに芽生え始め、近世初期から中期にかけて成立したと考えられる。

（2）本願寺八世蓮如が訪れたという、鳥屋野浄光寺を代表とする地域で、越後七不思議の六つまでがこの地域にある。いわゆる蒲原地方である。

蒲原地方では、鳥屋野浄光寺を代表とした史跡・伝説の成立は早い。信濃川・阿賀野川に沿った自然堤防上に早くから形成された古い集落に成立した。寺地形態や宝物の古さなどを総合すると、蓮如以前にすでに、その原形が芽生えていたと思われる。

（3）弥彦神社と国上山、長岡市野積が統合する地域で、古くから流布した阿弥陀信仰と神社信仰が一緒になった神仏習合地帯の弥彦へ、親鸞の参詣を結び付けた地域である。

弥彦地域について、近くにある阿弥陀信仰の山寺（長岡市野積）で、信蓮坊が不断念仏を行じたと思われることから、親鸞が訪れたのではないかという説は、今後、検討・究明すべきである。

しかし、神社信仰を否定した親鸞が、弥彦神社に参詣した伝説は奇妙である。神社側が鳥屋野などの影響を受け、阿弥陀信仰を含む神仏習合を利用して積極的に働きかけ、真宗門徒の神社参詣の増加を考えたもので、その伝説は比較的に新しいもののようである。

親鸞に比較して、恵信尼に関するものは、上越市板倉区に幾つかあるだけである。これは、本願寺において親鸞の妻が九条兼実の娘玉日姫であるという説が長く続き、恵信尼が親鸞の正妻であったという史実が公にされなかったからである。だが、板倉地方ではかなり早くから恵信尼や子女が話題になっていたようである。

史跡・伝説の成立について、簡単に結論を出すことは不可能に近く、複雑な歴史的な諸要素を含んでいる。後日、本格的に論究することにして、本書の性質上、いくらかの見通しを略述した。

史跡参詣の背景

本書では越後時代の親鸞、特に史跡と伝説について、各寺院に所蔵される宝物を中心に紹介したが、史跡・伝説をこれほど網羅的に紹介したものはないと思われる。これだけ多くの史跡・伝説を生み出した背景は何であったかということを強く感じる人が多いであろう。以下、いくらかの私見を略述したい。

親鸞の史跡を参詣する人々は越後の内外を問わず、大半は真宗門徒であるか、それに関心を持っている人であろう。越後時代の親鸞から述べるべきであるが、すでに略述している。そこでその後を述べれば、恵信尼の没後、越中水橋門徒が正応三（一二九〇）年マナゴ（上越市中真砂）や柿崎（上越市）に移住している。少し時代がたつと、五ヶ浜（新潟市）に門徒が成立している。

その後、本願寺五世綽如《しゃくにょ》が十四世紀末に越中国井波を中心に北陸へ教えを扶植《ふしょく》、さらに北信濃では関東から移って来た本誓寺・浄興寺によって信濃教団が成立した。この両国から越後へ真宗が影響したと思われる。

そのころ、本願寺では八世蓮如が活発な布教活動を始め、宝徳元（一四四九）年に父存如とともに北陸から越後へ、さらに関東へと親鸞の史跡を参詣した。この時、蓮如は越後で国府や鳥屋野浄光寺を訪れている。さらに応仁二（一四六八）年にも北陸から越後を訪れ、北信濃へ足を延ばしている。蓮如の来越によって、越後の真宗教団は本願寺の傘下に組織化され発展した。

戦国期になると、越後の真宗教団の存在は越後国守護代長尾能景の領国支配の障害になり、明応年間（一四九二—一五〇〇）から無碍光衆が禁制の対象になった。次の為景は領国支配の強化のため、永正三（一五〇六）年に無碍光衆を弾圧した。

越後の衆徒は北陸などの一向宗（浄土真宗）と呼応して一向一揆を起こしている。しかし、為景の領国支配の不徹底のためか、北信濃から勝願寺門徒が頸城郡南部の各地に移住し、門徒が増加した。

やがて、為景は越中国の動揺に乗じ、永正十七（一五二〇）年に越中一向一揆を征服した。この勢いで翌十八年に一向宗禁止令を発し、徹底した弾圧を強行した。

この弾圧で親鸞以来の教団や史跡・伝説は廃退し、寺院、門徒が国外に逃げた。そのため、親鸞の流罪地でありながら、越後ではその史跡が明確でなくなった。

上杉謙信の時代では、初めは無碍光衆を禁制したと思われる。にもかかわらず北信濃から真宗の伝播が続き、対外情勢などから天文二十二（一五五三）年、石山本願寺証如と通じた。

ここに、長尾氏が数十年にわたって続けた一向宗禁制の伝統的政策は改められた。このため、弾圧で地下に潜んでいた鳥屋野浄光寺などが復活、国外に逃げた寺院・門徒も帰り、越後の真宗教団は本格的に発展し、石山合戦に参加したり物資を送るようになった。

石山合戦は織田信長の全国統一に反抗したもので、元亀元（一五七〇）年九月から始まり、全国の寺院・門徒や毛利氏・武田氏らの反織田勢力とともに戦い、天正八（一五八〇）年まで織田軍を苦しめた。その背後には越後の真宗教団の力が大きかった。

謙信の子である景勝は、織田信長に対し石山合戦の末期に籠城を主張した、本願寺宗主顕如の長子教如と通じた。そして、越後の各地に門徒末寺を持っていた、大坊の本誓寺・浄興寺も景勝の保護を受け、早くから教如に味方していた。また、景勝は謙信時代に統一を欠いていた中・下越地方の統制を進めた。それと軌を一にして本誓寺・浄興寺らが中・下越に教線を伝播させた。さらに真宗教団が発展するための好条件を備えていた越後へ、北陸から日本海岸へ、北信濃から頸城郡へ、信濃川に沿って蒲原地方へと、真宗寺院や門徒が移動して、河川の自然堤防上に形成される集落や低湿地を開発し、教団発展の基盤を形成した。

上杉氏の次の堀氏も真宗を保護した。越後一揆（上杉遺民一揆）の際には、上杉氏に味方した真言宗寺院などを弾圧した。その結果、真言宗寺院が退廃したり、真宗への転宗も出た。世にいう「真言つぶし」であった。これが契機になって真宗教団は大発展するが、政治権力に保護され、それに従う近世仏教へと移行した。

本願寺は織田信長の力に屈し、大阪石山から退廃したが、豊臣秀吉によって現在地に再興され、顕如の死後、教如が宗主職に就いた。だが、家臣団の石山合戦末期時における退城派・籠城派の分裂が続いたため、籠城派であった教如の行動が秀吉の怒りに触れて隠居し、弟准如《じゅんにょ》が宗主となった。秀吉の死後、教如は徳川家康に接近し、慶長七（一六〇二）年に現在地に東本願寺を独立させた。

越後では上・中・下越に多くの末寺門徒を持っていた本誓寺や浄興寺などをはじめ、以前から教如に味方していた寺々がさらに関係を深め、東本願寺教団を優勢に形成した。准如の西本願寺教団でも、勝願寺（現上越市瑞泉寺）などが上越から中・下越へ教線を広げ、西本願寺教団の形成に努めた。

その結果、越後は東西本願寺教団が競って教団を発展させた。そして、近世中期に東本願寺教団の願生寺事件が起こったため教団が動揺し、東派から仏光寺派に転派した寺々が、蒲原地方を中心に教団を形成した（「関係人物と事項」の真宗仏光寺派参照）。この事件後、東派では教団を統制するために新井別院と三条別院を設けた。その後、東派では高田別院、西派では小丸山別院・

与板別院を設けた。これらの別院が中心になって各地域で教団を発展させた。中でも頸城郡平野部・蒲原郡西部を中心に真宗王国を形成した。このような戦国期からの、教団の形成・発展の過程において、越後の各地に多くの親鸞の史跡・伝説が形成された。

真宗教団の発展は、単に越後のみならず、早くから畿内、北陸、三河、安芸などの先進域では越後以上に発展していた。戦国期には一向一揆を起こし、石山合戦では織田軍を苦しめた。その後、本願寺は東西に分派するが、東西本願寺、専修寺、仏光寺の各本山とも学問、教学、布教に努め、各派が競って教勢の拡大を図り発展する。加えて近世初期から、江戸幕府の宗教政策によって諸宗寺院法度が制定され、さらに寺請制度、檀家制度が整った。

こうして近世仏教は、幕府の統制、保護の下に、仏教各宗派とも庶民の日常生活に浸透する。そして開帳、縁日、法会、講などが開かれた。さらに参勤交代制などにより交通制度が整備され、史跡の参詣が便利になり、四国や西国の霊場の参詣が盛んになった。

真宗教団においても、本願寺三世覚如が親鸞の高弟を選定したという、二十四輩の寺院を巡拝する風習があった。参詣案内記『二十四輩次第記録』が延宝九（一六八一）年ころに出版された。その前後に国府別院（上越市）の地も親鸞の史跡として顕彰されている。

その後、宝永七（一七一〇）年に『親鸞聖人遺徳法輪集』、享保十六（一七三一）年に『親鸞聖人御旧跡并二十四輩』、そして宝暦十二（一七六二）年には『二十四輩散在記』が相次いで出版された。

これより前に、光源寺（上越市）が東本願寺の抱地《かかえち》になり史跡として顕彰されている。その後も享和元（一八〇一）年に『親鸞聖人御旧跡二十四輩参詣記』、享和三（一八〇三）年に『二十四輩巡拝図会』と続々と出版された。特に『二十四輩巡拝図会』は、従来出版された参詣記を集大成したものである。その目的も従来のものを総合して、宗祖親鸞に関する史跡を霊場として参詣し、阿弥陀如来の化身である親鸞への報恩に報ずるために、役立てようとするものであった。

このような真宗教団の発展を背景に、各寺院でも独自の由緒、宝物などの案内記を作成し、参詣者の便宜を図った。

関係人物と事項

本文の理解を容易にするために、関係人物と事項を掲載することにした。それは、例えば本文に「『安城御影』から知られるように、親鸞は聖的《ひじり》性格であった」と述べているが、一体、聖とは何か、理解に苦しむ読者がいると思ったからである。また、真宗仏光寺派とあるが、これまた読者は親鸞の教えの流れをくむ宗派の一つと思うであろうが、具体的にはどんな宗派か知らない人が多いと思ったからである。ここでは紙面の都合で精選して掲載した。

小黒女房《おぐろにょうぼう》　生没年不詳

父親鸞、母恵信尼。本願寺八世蓮如の十男実悟編『日野一流系図』（以下、系図という）では、親鸞の第二子として「号小黒女房母兵部大輔　三善為教女　法名恵信」と記され、「恵信尼消息」（以下、消息という）にも記されている。

越後に住み、小黒（上越市安塚区小黒）に嫁ぎ子供をもうけた。しかし、早く死亡したのか恵信尼が晩年にその子供を世話している。系図の記録は、恵信尼を三善為教の娘と伝える、貴重な文献である。

覚信尼《かくしんに》　一二二四〜一二八三

父親鸞、母恵信尼。系図では第七子で末娘である。常陸国《ひたち》（茨城県）で生まれた。親鸞とともに京都へ移住し、親鸞の葬儀を執り行い、越後へ帰った母恵信尼に父の死去を報じている。

日野広綱に嫁ぎ、覚恵を産んだが死別し、小野宮禅念と再婚して唯善を産んだ。京都・大谷の地に親鸞の廟堂を建てた。この廟堂が後の本願寺に発展した。

覚如《かくにょ》　一二七〇〜一三五一

親鸞の末娘覚信尼の子である覚恵の長子である。関東の親鸞の史跡を巡拝し、常陸国（茨城県）で親鸞の門弟唯円に学ぶ。親鸞の伝記『親鸞聖人伝絵』（御伝鈔）などを著し、大谷廟堂の寺院化に努め、本願寺に改めた。

聖徳太子《しょうとくたいし》　五七四〜六二二

用明天皇の第二皇子、女帝推古天皇の摂政として国政を執り、天皇中心の国家体制を樹立した。中でも仏法興隆の詔を発布し、憲法十七条第二条に「篤く三宝を敬え、三宝とは仏法僧なり」とあるように、仏教を国政に反映させた。法隆寺など多くの寺を建立し、仏教を盛んにした。

親鸞は太子を「和国の教主」と賛仰し、『聖徳太子和讃』を著している。親鸞以降も、真宗教団では太子信仰が盛んである。

順徳上皇《じゅんとくじょうこう》　一一九七〜一二四二

後鳥羽天皇の皇子。父後鳥羽上皇（天皇）とともに鎌倉幕府の執権北条義時の討伐を計画し、挙兵したが敗れた（承久の乱）。承久三（一二二一）年五月に佐渡へ流され、配所で二十一年間生活した。順徳上皇が佐渡へ行く途中、親鸞の史跡、鳥屋野の浄光寺を訪れたという伝説は有名である。

越中国（富山県）の「勝興寺系譜」では、佐渡に順徳上皇と親鸞が関係したという勝興寺があったが、退廃した。越中国では本願寺五世綽如《しゃくにょ》開基の井波瑞泉寺に、蓮如系の勢力が対抗して、永正期（一五〇四―一五二〇）に由緒ある勝興寺を佐渡から移し、土山御坊（現勝興寺）の由緒を修飾した。こうして浄光寺と順徳上皇の関係が生じたと思われる。

信蓮房《しんれんぼう》　一二一一〜？

父親鸞、母恵信尼。越後国で承元五（一二一一）年三月三日に生まれた。親鸞とともに関東から京都に移住したと思われる。後、越後に帰った。系図には「明信　号栗沢信蓮房」とあり、消息にも記されている。名は明信で、栗沢（上越市板倉区）に住んだので栗沢信蓮房といった。信蓮房は僧名である。

文永五（一二六八）年に長岡市野積の山寺（一説に板倉区の山寺）で不断念仏を行じている。恵信尼は死後のことを、信蓮房に託している。

善性《ぜんしょう》　生没年不詳

下総《しもうさ》国（茨城県）蕗田・飯沼の住人。親鸞の門弟で、親鸞の書状を編集した『善性本御消息集』がある。善性については、越後守井上善勝が親鸞の門弟になったとか、後鳥羽天皇の第二皇子が比叡山に登り周観といい、後、親鸞の門弟になったなどの説がある。

善性が開基したと伝える寺に浄興寺（上越市）、瑞泉寺（同）、東弘寺（関東）、勝願寺（同）などがある。

存覚《ぞんかく》　一二九〇～一三七三

本願寺三世覚如の長男。父覚如に従い、大谷の教団の教化に努めた。関東の門弟が存覚を支持し、父覚如と不和になり義絶されたこともあった。しかし、初期真宗教団の教義を組織化し、その間、各地の教団・門弟に接した。その記録である『存覚袖日記』を著した。越後関係では柿崎（上越市柿崎区）、マナゴ（上越市）、五ヶ浜（新潟市西蒲区）の門徒が記されている。

高野禅尼《たかのぜんに》　生没年不詳

父親鸞、母恵信尼。系図には第六子として「女子　号高野禅尼」とある。消息には記されていないが、実子である。高野（上越市板倉区）に住んだので高野禅尼といった。高野は板倉区の平野部の集落なのか、南方の山間部の高野なのか、定説はない。

法然《ほうねん》　一一三三～一二一二

親鸞の師。美作《みまさか》国（岡山県）の押領使の子に生まれ、比叡山に登る。後、京都の吉水で専修念仏を説き、『選択集』を著し浄土宗を開いた。

法然の念仏教団が盛んになると、承元元（一二〇七）年に朝廷の念仏弾圧によって土佐国（実際は讃岐《さぬき》国）に流罪になった。この時、親鸞も越後国に流罪になった。

建暦元（一二一一）年に赦免され、翌年に京都で死亡した。

益方入道《ますかたにゅうどう》　生没年不詳

父親鸞、母恵信尼。系図には第五子として「有房　叙爵従五位下　出家法名道性　号益方大夫入道」とあり、消息にも記されている。

官位があり役人であったが、後に出家し道性といった。益方（上越市板倉区）に住んだので、益方大夫入道といい、結婚して子供をもうけている。大夫入道とあるのは、単なる出家僧でなかったようである。越後から京都へ上り、父親鸞の臨終に立ち会っている。

三善為則《みよしためのり》（為教）　生没年不詳

恵信尼の父について系図には「母兵部大輔三善為教女法名恵信」とある。九条兼実の日記『玉葉』の中の治承二（一一七八）年正月二七日条に、その前年ごろまで三善為則が越後介であったとある。系図の「為教」と『玉葉』の「為則」とは、「教《のり》」は「則《のり》」であって、年代も合い、同一人物であるという。この説はほぼ定説化している。

問題は、三善為則が越後介になり京都にとどまったか、越後国に着任したか、地方豪族が越後介になったかという点で、これは厳密に検討する必要がある。傍証史料に、上越市板倉区東山寺にある山寺薬師の薬師如来像の胎内墨書銘がある。これによると、応永二（一三九五）年に三善讃阿が薬師を寄進している。

板倉地方には恵信尼や信蓮房らの子女が住んでおり、恵信尼が所領を持ち下人を所有していた。さらに鎌倉初期から室町初期にかけて、三善氏が存在していたことなどから、三善為則の素性を考えようとするものである。素性を究明することは、親鸞と恵信尼の結婚の時期を解明することになり、親鸞伝で重要な事柄である。

唯善《ゆいぜん》 一二六六～？

覚信尼の男子で親鸞の孫。仁和寺で修行したが後に修験道に入り、常陸国（茨城県）で親鸞の門弟唯円に学んだ。京都の異父兄、覚恵に招かれ、京都の大谷に住み、廟堂の横領を企てたため覚恵・覚如と争い、敗訴して関東に下り道場を始めた。これが発展して上越市高田の常敬寺となった。

蓮如《れんによ》 一四一五～一四九九

本願寺八世。永享三（一四三一）年に得度、父存如に真宗教義を学び、長禄元（一四五七）年に本願寺宗主職を継いだ。近江《おうみ》国（滋賀県）の教化をはじめ、宝徳元（一四四九）年と応仁二（一四六八）年に北陸から越後、さらに関東、三河（愛知県）を巡って、親鸞の史跡を巡拝し、民衆に接して教化し、本願寺教団再興の志を強め教団を大発展させた。

蓮如は越後で、国府や鳥屋野にある親鸞の史跡を訪れ、苦労をしのび感激して涙を流している。

聖《ひじり》・沙弥《しゃみ》

聖は、古代末期における律令仏教の体制外の民間仏教者の呼称の一つである。沙弥などとともに、寺院の枠にとらわれず修行や布教を行うこともある。阿弥陀信仰を広める阿弥陀聖、善光寺信仰を広める善光寺聖や高野山の高野聖は有名である。

沙弥は仏道を求めて剃髪《ていはつ》するが、出家者として戒行を行わず、妻を持ち家庭生活を営んだ僧である。

親鸞の場合は調度品や行動が聖的であり、賀古（兵庫県）の教信沙弥を理想像としていた。

浄土真宗本願寺派《じょうどしんしゅうほんがんじは》

西本願寺（京都市下京区）を本山とする教団。本願寺は親鸞の遺骨を収めた廟堂に始まり、その後、八世宗主蓮如の時代に大教団に発展した。

一〇世宗主証如に続き、一一世宗主顕如が石山合戦で織田信長に敗れ、石山本願寺（大坂）を退いた。天正十九（一五九一）年に豊臣秀吉の保護を受け、現在地に再興した。

顕如の死後、本願寺宗主の継承をめぐって兄教如と弟准如の両派が対立し、秀吉が准如の宗主職を認めた。秀吉の死後、教如は徳川家康に接近し、その援助によって現在地に東本願寺として独立した。こうして本願寺は教如の東本願寺と准如の西本願寺に分かれ、東西両派が競って教団の発展に努めたため大教団となった。なお西本願寺派は明治十四年に浄土真宗本願寺派と公称した。

真言宗智山派《しんごんしゅうちざんは》

智積院（京都市）を本山とする教団。日本の真言宗は僧空海が中国に渡り、真言密教を学び、帰国して高野山で金剛峯寺を創立したのに始まる。その後、金剛峯寺と京都の東寺を中心に発展した。

中でも覚鑁《かくばん》の流れが玄宥《げんゆう》と専誉に分かれ、都会で発展した。玄宥が京都に出て徳川家康の保護を受け、子弟の日誉が京都の寺を根本寺智積院と称し、真言宗智山派を形成した。越後では中・下越に多い。

真言宗の寺院は、高野山金剛峯寺をはじめ多くは山岳に建立している。本尊は大日如来・不動明王・阿弥陀如来など多様で、山岳仏教として栄えた。神社信仰と結合して、神仏習合信仰として発展した。弥彦山と弥彦神社はその好例である。

真言宗豊山派《しんごんしゅうぶざんは》

長谷寺（奈良県長谷市）を本山とする教団。覚鑁の流れをくむ専誉は、根来山の妙音院小池坊を中心に活躍、大和（奈良県）の長谷寺によって教団をまとめ、一派を形成した。これが真言宗豊山派である。

真宗大谷派《しんしゅうおおたには》

東本願寺（京都市下京区）を本山とする教団。宗祖親鸞に始まり、蓮如の時代に発展する。本願寺は、石山合戦の終結をめぐって退城を主張する宗主顕如派と、籠城を主張する長子教如派とが対立した。この内部分裂が豊臣秀吉・徳川家康の権力と関連して、本願寺は東西に分派する。越後においては、東本願寺教団が優位に形成された。なお東本願寺教団は明治十四年に真宗大谷派を公称した。

真宗浄興寺派《しんしゅうじょうこうじは》

浄興寺（新潟県上越市）を本山とする教団。寺伝によると、親鸞が常陸国（茨城県）の稲田に道場を営み、『教行信証』を書き上げた。喜びのあまり道場を「歓喜踊躍浄土真宗興行寺」と名付けた。略して浄興寺という。親鸞が京都へ帰る時、門弟の善性に譲った。後、浄興寺は信濃国（長野県）の長沼に移り、上杉景勝の招きにより春日山城（上越市）に転じ、さらに福島城下（同市）から高田城下に寺地を構えた。

浄興寺は本願寺が東西に分派する過程から教如に味方し、東本願寺教団に属してきたが、明治初期以来、独立運動を続け、昭和二十七年に独立して真宗浄興寺派になった。

真宗仏光寺派《しんしゅうぶっこうじは》

仏光寺（京都市下京区）を本山とする教団。親鸞の関東時代の布教によって形成された、初期真宗の高田門徒（栃木県）が始まりである。門徒真仏　源海・了海と教えを継承して、第七世了源が京都の山科に進出し、興正寺を仏光寺と改めた。積極的布教により、教勢は本願寺をしのいだこともあった。

越後では妙高市の願生寺と上越市高田の浄興寺が、小児が往生できるか、できないかなどの教えをめぐり対立した。願生寺は往生できると説いた。この対立・論争は、本山東本願寺の裁判で願生寺が誤りとされ、貞享二（一六八五）年、国外追放の処分になった。世にいう願生寺事件である。

願生寺は早くから教線を広めていた。蒲原地方を中心とする寺々が願生寺に味方し、東本願寺教団から仏光寺派に転派した。その関係で蒲原地方には仏光寺派の寺院が多い。なお同派は明治十四年に、真宗仏光寺派を公称した。

天台宗《てんだいしゅう》

延暦寺（滋賀県大津市）を本山とする教団。日本の天台宗は、僧最澄が中国に渡り、天台の仏教を学び、帰国して比叡山に延暦寺を創立したのに始まる。最澄の教えは内仁と円珍によって継承され、内仁は山門派（延暦寺）を、円珍は寺門派（園城寺）を形成した。

どちらの山門・寺門とも僧兵を抱え、互いに抗争し、あるときは政治権力に反抗して、織田信長の比叡山焼き打ちに遭っている。

近世に入り、江戸幕府に保護された。天台は天台宗（延暦寺）と天台寺門宗（園城寺）などに分かれている。

親鸞・恵信尼略年譜

越後の親鸞と妻恵信尼を理解するために、夫婦の生涯を知る必要がある。そのために略年譜を作成した。年譜によれば、親鸞の越後での生活は短く、その時期は壮年期であったこと、一方の妻恵信尼は晩年京都から帰り、越後特に板倉地方で生活したことが一目で知られる。

西暦	年号	親鸞年齢	恵信尼年齢	年譜
一一七三	承安三	一歳		親鸞誕生。父日野有範。
一一七五	安元元	三歳		（法然、専修念仏を唱う）
一一八〇	治承四	八歳		（源頼朝、兵を挙げる）
一一八一	養和元	九歳		慈円の寺で得度。その後、比叡山延暦寺で堂僧をつとめる。
一一八二	寿永元	一〇歳	一歳	恵信尼誕生。父は三善為教と伝える。
一一九八	建久九	二六歳	一七歳	（法然『選択本願念仏集』を著す）
一二〇一	建久元	二九歳	二〇歳	親鸞、比叡山を下り六角堂に参籠。聖徳太子の示現の文を感得。法然の門に入り専修念仏に帰す。
一二〇四	元久元	三二歳	二三歳	11 法然、七か条の制戒をつくり比叡山に送る。親鸞これに僧綽空と署名する。
一二〇五	〃二	三三歳	二四歳	4 法然より『選択本願念仏集』の書写を許される。7 法然の影像の図画をも許される。綽空を善信と改名する。
一二〇七	承元元	三五歳	二六歳	2 専修念仏停止。越後国国府に流される。流罪を契機に愚禿親鸞と名乗る（法然は土佐に流される）。

一二一一	建暦 元	三九歳	三〇歳	3 信蓮房誕生。11 流罪を許される。
一二一二	〃 二	四〇歳	三一歳	（1 法然死す。八〇歳）。
一二一四	建保 二	四二歳	三三歳	関東へ移住。上野国佐貫において衆生利益のため、『三部経』千部読誦を決意し始めた。が、名号のほかにないと内省し中止して、常陸国に行く。
一二二一	承久 三	四九歳	四〇歳	（承久の乱。順徳上皇が佐渡に流される）
一二二四	元仁 元	五二歳	四三歳	娘覚信尼誕生。このころ、越後時代から構想を練った『教行信証』を草す。
一二三一	寛喜 三	五九歳	五〇歳	4 風邪のため高熱にうかされ『大無量寿経』を読み始めた。建保二年の『三部経』読誦と内省を思い、自力の執心に気付いて中止した。
一二三四	文暦 元	六二歳	五三歳	このころ京都に帰る。
一二三五	嘉禎 元	六三歳	五四歳	孫の如信誕生。
一二四二	仁治 三	七〇歳	六一歳	9 画家定禅に肖像（鏡御影）を描かす。
一二四八	宝治 二	七六歳	六七歳	1『浄土和讃』、『高僧和讃』を著す。
一二五〇	建長 二	七八歳	六九歳	10『唯信鈔文意』を著す。
一二五一	〃 三	七九歳	七〇歳	9『有念無念事』を著す。
一二五二	〃 四	八〇歳	七一歳	2 常陸の門弟に書状を送る。
一二五四	〃 六	八二歳	七三歳	このころ、恵信尼と信蓮房ら子女が越後に帰る。
一二五五	〃 七	八三歳	七四歳	8『三経往生文類』、『愚禿鈔』を著す。10 常陸笠間の門弟に書状を送り、疑義に答える。この年、画家朝円に肖像（安城御影）を描かす。

一二五六	康元 元	八四歳	七五歳	3『入出二門偈』を著す。4『四十八大願』を書き、関東の門弟の疑義に答える。5 関東の門弟覚信に返事を書く。関東で異義を唱えた息男善鸞を義絶する。7 恵信尼、京都の娘覚信尼に下人の譲状を送る。9 恵信尼、再び覚信尼に下人の譲状を送る。10 親鸞、六字名号・十字名号を書く。
一二五七	正嘉 元	八五歳	七六歳	2『一念多念文意』を著す。3『浄土三経往生文類』を著す。5『上宮太子御記』を著す。10 関東の門弟性信・真仏に書状を送る。
一二五八	〃 二	八六歳	七七歳	6『尊号真像銘文』を著す。10 関東の門弟慶信に返事を送る。12 関東の門弟顕智上京。『獲得名号自然法爾』の法語を聞き書きす。
一二六〇	文応 元	八八歳	七九歳	11 関東の門弟乗信に書状を送る。
一二六一	弘長 元	八九歳	八〇歳	恵信尼、重い病気にかかる。
一二六二	〃 二	九〇歳	八一歳	11 下旬親鸞、老衰と病のため伏す。11・28 弟尋有の京都善法坊にて入滅。11・29 東山鳥辺野に火葬。11・30 収骨。12・1 覚信尼、越後の母恵信尼に父親鸞の入滅を報ず。
一二六三	〃 三		八二歳	2 恵信尼、夫親鸞の京都・関東時代の行実を娘覚信尼に知らせる。飢饉に遭い、苦しみながら孫たちの世話をする。
一二六四	文永 元		八三歳	5 命のある間に五重の七尺の塔を建てたいと思い、塔師に頼む。飢饉のため下人たちが逃げ、住所を変える。
一二六六	〃 三		八五歳	8 ひどい下痢のため、数カ月の間苦しむ。
一二六七	〃 四		八六歳	9 老衰甚だしくなり、「とひたのまき」（現上越市板倉区）より覚信尼に近況を報告する。
一二六八	〃 五		八七歳	3 死期の近いことを悟り、覚信尼から送られた綾織りの小袖を、死の装束にしようと思っている。この年、信蓮房が野積の山寺で不断念仏を修する。

該当ページ	寺号など	よみ	宗派	いわれ	住所	電話
53	蓮光寺	れんこうじ	真宗大谷派	古い形式の親鸞聖人御影	長岡市成願寺町 883	0258-35-0408
54	西照寺	さいしょうじ	真宗大谷派	重要文化財の親鸞聖人像	長岡市上岩井 3471	0258-42-2719
56	安楽寺	あんらくじ	真宗仏光寺派	弥彦にあった親鸞聖人像	三条市八幡町 4-33	0256-33-1932
58	片桐家	かたぎりけ		親鸞聖人手植えの椿	三島郡出雲崎町藤巻	
60	西生寺	さいしょうじ	真言宗智山派	不断念仏の寺	長岡市寺泊野積 8996	0258-75-3441
62	地蔵院	じぞういん	真言宗智山派	腰掛石	長岡市寺泊野積 8995	0258-75-2941
63	聖徳寺	しょうとくじ	真宗仏光寺派	うそぶき御影	長岡市寺泊荒町 3032	0258-75-2029
64	国上寺	こくじょうじ	真言宗豊山派	親鸞参詣	燕市国上 1407	0256-97-3758
66	弥彦神社	やひこじんじゃ		泣き仏	西蒲原郡弥彦村大字弥彦 2887-2	0256-94-2001
66	宝光院	ほうこういん	真言宗智山派	刻み分けの親鸞聖人像	西蒲原郡弥彦村弥彦 2860-2	0256-94-2804
68	林部健一宅	はやしべけんいちたく		聖人清水	西蒲原郡弥彦村弥彦	
68	林部俊治宅	はやしべしゅんじたく		聖人手植えの椿	西蒲原郡弥彦村弥彦	
69	広福寺	こうふくじ	真宗仏光寺派	親鸞が使っていた手鍋	西蒲原郡弥彦村麓 6590	0256-94-2437
70	法円寺	ほうえんじ	真宗仏光寺派	若い容姿の親鸞聖人真影	西蒲原郡弥彦村矢作 1960	0256-94-2238
71	浄専寺	じょうせんじ	真宗大谷派	形見のご真影	新潟市西蒲区石瀬 3743	0256-82-2175
71	清伝寺	せいでんじ	真宗仏光寺派	弥彦から移された親鸞像	燕市溝古新 79	0256-93-3478
72	菅井家	すがいけ		真言院にあった親鸞像	西蒲区横曽根	
74	了玄寺	りょうげんじ	真宗大谷派	ツナギガヤ	南蒲原郡田上町大字田上丙 1285-1	0256-57-3422
76	孝順寺	こうじゅんじ	真宗大谷派	三度栗	阿賀野市保田 4626-1	0250-68-2434
78	無為信寺	むいしんじ	真宗大谷派	二十四輩	阿賀野市下条町 8-21	0250-62-2676
80	梅護寺	ばいごじ	浄土真宗本願寺派	八房の梅・珠数掛桜	阿賀野市小島 377	0250-67-2915
82	西方寺	さいほうじ	真宗大谷派	逆竹	新潟市中央区鳥屋野 3-1-22	025-283-3916
85	田代家	たしろけ		焼鮒	新潟市西区山田 646	025-377-2615
86	誓慶寺	せいきょうじ	真宗大谷派	焼鮒	新潟市江南区平賀 210	025-280-2254
88	鈴木家	すずきけ		波切御名号	新潟市西区寺地 940-4	025-266-8084
88	敬覚寺	きょうかくじ	真宗大谷派	波切御名号	新潟市江南区酒屋町 599	025-280-2296
90	蒲原浄光寺	かんばらじょうこうじ	浄土真宗本願寺派	親鸞の開基	新潟市中央区西堀通 10-1618	025-229-0629
92	北山浄光寺	きたやまじょうこうじ	浄土真宗本願寺派	逆竹	新潟市中央区西堀通 5-836	025-228-5391
93	西養寺	さいようじ	真宗大谷派	ツナギガヤ	新潟市江南区酒屋町 530	025-280-2593
94	太子堂	たいしどう	曹洞宗	親鸞作の聖徳太子像	新発田市佐々木 2890-1	0254-27-8526 (総代 横山 高)
94	託明寺	たくみょうじ	真宗大谷派	覚如作の親鸞聖人像	新発田市中央町 2-2-2	0254-22-3303

越後の親鸞　—史跡と伝説の旅—　　掲載旧跡一覧

該当ページ	寺号など	よみ	宗派	いわれ	住所	電話
21	大雲寺	だいうんじ	真宗大谷派	親鸞聖人親不知通行之図	糸魚川市外波 245	025-562-3030
21	西蓮寺	さいれんじ	浄土真宗本願寺派	姫川を渡る際の伝説と宝物	糸魚川市田海 665	025-562-2250
21	海岸寺	かいがんじ	真言宗豊山派	腰掛石	糸魚川市間脇 1412	025-555-2957
21	西性寺	さいしょうじ	真宗大谷派	乗船の地	糸魚川市木浦 3779	025-566-2579
22	居多ケ浜記念堂	こたがはまきねんどう		上陸の地	上越市五智 6-3-4	025-543-0536
22	居多神社	こたじんじゃ		日の丸名号	上越市五智 6-1-11	025-543-4354
24	五智国分寺	ごちこくぶんじ	天台宗	竹之内草庵・養爺清水	上越市五智 3-20-21	025-543-3069
26	光源寺	こうげんじ	真宗大谷派	配所国府御坊	上越市国府 1-4-1	025-543-4263
28	本願寺国府別院	ほんがんじこくふべついん	浄土真宗本願寺派	竹之前草庵・片葉の葦	上越市国府 1-7-1	025-543-2742
28	蓮光寺	れんこうじ	真宗大谷派	親鸞聖人木像	上越市新光町 1-3-3	025-525-3418
28	真行寺	しんぎょうじ	浄土真宗本願寺派	近世的文献	上越市中央 5-1-1	025-543-2829
30	浄興寺	じょうこうじ	真宗浄興寺派	親鸞の頂骨を納める・親鸞真筆の6字名号	上越市寺町 2-6-45	025-524-5970
32	常敬寺	じょうきょうじ	真宗大谷派	親鸞の孫、唯善が開基	上越市寺町 2-7-28	025-523-3352
34	性宗寺	しょうしゅうじ	真宗仏光寺派	親鸞の弟子、信性が開基	上越市寺町 3-1-14	025-523-6453
36	安養寺	あんにょうじ	真宗大谷派	親鸞の弟子、覚善が開基	上越市東本町 3-4-72	025-524-3967
37	本誓寺	ほんせいじ	真宗大谷派	聖人に関する寺伝	上越市寺町 3-6-37	025-522-4891
37	瑞泉寺	ずいせんじ	浄土真宗本願寺派	聖人に関する寺伝	上越市南本町 3-9-13	025-524-1177
38	山寺薬師	やまでらやくし		三善讃阿寄進の本尊・聖の窟	上越市板倉区東山寺	0255-78-2141（板倉区総合事務所産業建設グループ）
39	福因寺	ふくいんじ	真宗大谷派	覚信尼画像	上越市板倉区久々野 2935	0255-78-4215
40	恵信尼廟所	えしんにびょうしょ	浄土真宗本願寺派	恵信尼五輪塔	上越市板倉区米増 27-4	0255-81-4541（えしんの里記念館）
42	恵信尼公堂	えしんにこうどう	真宗大谷派	新井別院境内	妙高市下町 5-3	0255-72-2519
42	袈裟掛けの松	けさかけのまつ		大蛇退治の伝説	妙高市関川	
44	専念寺	せんねんじ	浄土真宗本願寺派	親鸞の弟子、西仏坊の法系	上越市大潟区渋柿浜 272	025-534-4637
46	浄福寺	じょうふくじ	浄土真宗本願寺派	しぶしぶ宿・川越えの御名号	上越市柿崎区柿崎 6654	025-536-2532
48	浄善寺	じょうぜんじ	浄土真宗本願寺派	枕石・川越えの御名号	上越市柿崎区柿崎 6389	025-536-2503
50	大泉寺	だいせんじ	真言宗豊山派	親鸞が参詣した観音菩薩	柏崎市大清水 1502	0257-26-2379
52	永法寺	えいほうじ	真宗大谷派	巡錫の親鸞聖人御影	長岡市雲出町 1369	0258-46-2901
53	妙宗寺	みょうしゅうじ	真宗大谷派	親鸞・蓮如連座御影	長岡市渡里町 3-26	0258-33-1463

本書を執筆するに当たって、主に次の著書や論文、各寺院の由緒書を参考にした。由緒書は多数で、参詣の時に入手できるので割愛した。さらに詳しく知ろうとする読者は、参考文献を利用されたい。中でも『二十四輩順拝図会』は貴重である。

『二十四輩順拝図会』（『真宗史料集成』第十八巻　所収）細川行信編　同朋社
『写真集　越後の親鸞』新潟日報事業社
『親　鸞』松野純孝　三省堂
『親　鸞』赤松俊秀　吉川弘文館
『越後の親鸞』武田鏡村　恒文社
『恵信尼公』藤島達朗　法蔵館
『恵信尼公文書』梅原真隆　顕真学苑
『恵信尼公の生涯』大谷嬉子　主婦之友社
『親鸞の史跡と伝説』細川行信　あそか書林
『親鸞聖人御旧跡巡拝誌』（北陸編）高下恵　百華苑
『越後の親鸞聖人と其伝説』藤井慧真　顕真学苑
『親鸞を紀行する』村上五朗　新人物往来社
『真宗教団成立の研究」細川行信　法蔵館
『真宗史の諸問題』梅原隆章　顕真学苑
『真宗信仰の思想史研究』奈良哲三　校倉書房
『なむの大地　越佐　浄土真宗の歴史』新潟仏教文化研究会編　考古堂

「近世遺跡巡拝の性格」(『日本仏教史7　江戸時代』所収)　柏原祐泉　雄山閣
「親鸞伝説の『枝』」(「国文学」第33巻2号)　宮田　登
「親鸞の聖性と初期真宗教団」(「社会科研究」16号)　大場厚順
「越後時代の親鸞の思想」(「新潟県社会科研究紀要」10号)　〃
「越後時代の親鸞研究の問題点」(「新潟県社会科研究紀要」10号)　〃
「恵信尼の住所『とひたのまき』考」(「頸城文化」29号)　〃
「永正期における越後の真宗教団」(「新潟県社会科研究紀要」6号)　〃
「近世初期における越後の真宗教団」(「頸城文化」27号)　〃
「浄興寺論考」(「尋源」29号)　〃
「笠原本誓寺について」(『論集日本人の生活と信仰』大谷大学国史学会編所収)　〃

■大場厚順（おおば・こうじゅん）
昭和6年新潟県上越市に生まれる。大谷大学文学部史学科卒業。真宗大谷派善正寺住職。

元上越市文化財調査審議会委員、元吉川町史編さん委員、元名立町史編さん委員。平成24年4月9日、死去。

共著書『上越真宗教団のあゆみ』（高田教区教化委員会）、『論集日本人の生活と信仰』（同朋舎）、『日本の社会と宗教』（同朋舎）、『越後の親鸞と恵信尼』（永田文昌堂）、『資料新潟県史』（野島出版）、『新潟県の歴史散歩』（山川出版社）など多数。

■撮影／戸嶋寛、鋪屋耕吉、多田修

掲載させていただいた各寺院・神社、関係各市町村教育委員会はじめ多くの方々にお世話になりました。厚くお礼申し上げます。

越後《えちご》の親鸞《しんらん》　―史跡と伝説の旅―　新装版

1994（平成6）年6月1日　初版第1刷発行
2013（平成25）年11月1日　新装版第1刷発行

著　者　大場　厚順
発行者　木村　哲郎
発行所　新潟日報事業社
〒950－8546　新潟市中央区万代3-1-1
電話　(025) 383-8020　FAX　(025) 383-8028
印刷・製本　島津印刷㈱

ISBN978-4-86132-537-3